Christina Zierold

Weird Australia

55 auch unverschämte Fragen an das Land der boxenden Kängurus

Impressum

Infanteriestraße 11a
80797 München

ISBN: 978-3-7343-3271-5

Autorin: Christina Zierold
Produktmanagement: Susanne Kaufmann
Lektorat: Charlotte von Schelling
Korrektorat: Christine Miller
Umschlaggestaltung: Mathias Frisch
Umschlagabbildung: © Lookphotos/Age Fotostock
Satz: Röser MEDIA, Karlsruhe
Druck und Verarbeitung: Printed in Slovenia by Florjancic

★★★★★

Sind Sie mit dem Titel zufrieden? Dann würden wir uns über Ihre Weiterempfehlung freuen.

Erzählen Sie es im Freundeskreis, berichten Sie Ihrem Buchhändler oder bewerten Sie bei Onlinekauf. Und wenn Sie Kritik, Korrekturen, Aktualisierungen haben, freuen wir uns über Ihre Nachricht an lektorat@verlagshaus.de.

Unser komplettes Programm finden Sie unter

www.bruckmann.de

Alle Angaben dieses Werkes wurden von der Autorin sorgfältig recherchiert und auf den neuesten Stand gebracht sowie vom Verlag geprüft. Für die Richtigkeit der Angaben kann jedoch keine Haftung erfolgen. Sollte dieses Werk Links auf Webseiten Dritter enthalten, so machen wir uns diese Inhalte nicht zu eigen und übernehmen für die Inhalte keine Haftung.

INHALT

WELCOME TO A LAND DOWN UNDER

Während ich diese Zeilen schreibe, läuft bei mir im Hintergrund *Down Under* von der Band *Men at Work*. Ein Song, der garantiert gute Laune verbreitet und von Australiern als inoffizielle Nationalhymne bezeichnet wird. Auf YouTube findet man Kommentare wie: »*They should make this song our national anthem!*«, und ein paar Menschen haben 2018 tatsächlich genau für diese Forderung eine Petition gestartet. Diese war zwar nicht erfolgreich, aber trotzdem: *Nice try*. Obwohl der Song und auch das Musikvideo aus dem Jahr 1981 inzwischen schon einige Jahrzehnte alt sind, möchte ich jedem dazu raten, sich das Video einmal anzusehen (und anzuhören). Der Spaß, den die Band ganz offensichtlich bei den Dreharbeiten hatte, ist für mich persönlich ein schönes Symbol für die Mentalität der Australier und wie ausgelassen, spontan und *easy going* sie durchs Leben gehen.

In meinen vier Jahren in Australien, in denen ich einmal kreuz und quer durchs ganze Land reiste und schließlich auch in Melbourne als Designerin in Festanstellung arbeitete, gab es viele lustige Begegnungen und Erfahrungen zu machen. Einige davon sind in dieses Buch mit eingeflossen. So zum Beispiel die Szene im Flugzeug, als ich zum Sitznachbarn auf den Screen schaute und mir dachte: »*What?*« Oder als mein Vermieter plötzlich unangemeldet und einfach so bei uns im Wohnzimmer stand. Ich schlief in unterirdischen Hotels und mir fielen beim *fruit picking* Spinnen so groß wie eine ganze Hand auf den Körper. Zusammen mit meinen Mitreisenden beantwortete ich staatliche Quiz-Fragen auf der Autofahrt, regte mich über das niedrige Geschwindigkeitslimit auf dem Highway auf und fuhr mit meinem damaligen kleinen Hyundai Elantra am Strand herum. Am Uluru erlebte ich, wie sich Australier einfach so gegen die Wünsche der indigenen Völker hinwegsetzen, und in Perth hatte ich das Gefühl, ich wäre gerade zehn Jahre in der Zeit zurückgereist. Im Winter fror ich mir in unserem Haus in Melbourne den Allerwertesten ab und bestaunte im Outback das wunderschöne Sternbild *Southern Cross*. Natürlich lernte ich als Kaffee-Liebhaberin in der gesamten Zeit den australischen *Speciality Coffee* lieben und lief im

Sommer nicht nur mit UGG-Boots herum, sondern feierte auch im Juli (im australischen Winter) mit meinen Mitbewohnern Weihnachten. Ich war begeistert von der generellen Offenheit der meisten Australier und erschüttert, als mir in kleinen Örtchen im Landesinneren doch das ein oder andere Mal offene Ausländerfeindlichkeit entgegenschlug. Dank extrem vieler Straßenschilder mit dem Hinweis »*look left*« und zusätzlich aufgemalten Pfeilen auf der Fahrbahn konnte ich in meiner Zeit in *Down Under* immer unbeschadet die Straßen überqueren und irgendwann auch *hook turns* fehlerfrei meistern. An Wochenenden fand ich nach einiger Zeit die fünfstündige Autofahrt (*one way*) zum Klettern ins berühmte Arapiles-Gebiet ganz normal, und ja – natürlich nahm auch ich andere Reisende, die frisch im Land angekommen waren, mit den *Drop Bears* auf den Arm. Irgendwann musste ich mich gezwungenermaßen ins australische Einwanderungssystem einarbeiten, um vom *Working-Holiday*-Visum auf ein passendes Folgevisum mit Arbeitsrecht zu wechseln. Da es zu dieser Zeit (2014) noch recht wenige Informationen darüber im Internet zu finden gab, gründete ich meine Webseite www.rausnachaus.com, um über Themen wie Jobsuche und das Arbeiten in Australien zu berichten.

Wenn jetzt gerade beim Lesen ein paar Fragezeichen im Kopf entstanden sind – kein Problem. Lesen Sie einfach noch ein bisschen weiter, und Sie werden wissen, wovon ich spreche.

Na dann: *Welcome to a land down under*. Ich wünsche Ihnen viel Spaß beim Lesen, Staunen und hoffentlich auch Lachen.

Christina Zierold

GEOGRAFIE & NATUR

1

»Australien ist groß« ist die Untertreibung des Jahrhunderts!

AUSTRALIEN HAT SECHS KLIMAZONEN, NEUN ZEITZONEN UND BESTEHT AUS EINER FLÄCHE, DIE FAST SO GROSS IST WIE DER KONTINENTALE TEIL DER USA.

Australien. Unendliche Weiten. Lange, bevor der Mensch diesen Kontinent betrat, war das Land die Heimat einer beeindruckenden **Megafauna**. Hier lebten drei Meter große Kängurus, sieben Meter lange Warane und entenartige Vögel, so groß wie Pferde. Wer heute mit dem Auto durch diese alte, endlose Weite fährt und sich bei offenem Fenster den staubigen Wind durch das Haar wehen lässt, kann sich mit etwas Fantasie immer noch ganz gut vorstellen, wie das früher gewesen sein muss, als diese riesigen Tiere hier beheimatet waren.

Vieles von damals ist ausgestorben, aber Australien selbst, ein Land von überdimensionalem Maßstab, ist geblieben. Es lässt sich grob zusammengefasst in vier große **Klimazonen** teilen: Im Norden herrscht tropische Wärme mit hoher Luftfeuchtigkeit, es folgen subtropische Regionen an der West- und Ostküste, das trockene Wüstenklima im Zentrum und schließlich das gemäßigte, beinahe europäische Klima im Süden. Genauer gesagt teilt sich das Klima im Zentrum noch einmal in Wüste und Grasland auf, und das Klima im Norden in äquatorial und tropisch. In der Gesamtheit sind es also sechs Klimazonen. Auch ein weiterer Punkt ist weltweit einzigartig: Es ist der einzige **Kontinent**, der aus einem einzigen Land besteht. Australien ist also Land und Kontinent gleichzeitig.

Wer Australien nur von flachen Weltkarten kennt, unterschätzt leicht seine wahre Größe. Die Darstellung auf zweidimensionalen Karten verzerrt die Proportionen, sodass Australien darauf kleiner wirkt, als es tatsächlich ist. Erst ein Blick auf den Globus offenbart die wirklichen Dimensionen: Australien ist fast so groß wie Europa, zählt aber nur rund 27 Millionen Einwohner. Zum Vergleich: In Europa leben etwa 744 Millionen Menschen.

Wer Australien mit dem Auto von West nach Ost durchqueren möchte, etwa von Perth nach Brisbane, ist rund 45 bis 50 Stunden nonstop unterwegs. Im Outback begegnet man oft stundenlang keiner Menschenseele, und die nächste Tankstelle kann schnell einmal vier Fahrstunden entfernt liegen. Viele Reisende unterschätzen diese Distanzen und sind schlecht vorbereitet – oft ohne ausreichend Trinkwasser, Proviant oder Ersatzreifen. Immer wieder kommt es zu gefährlichen Situationen, manche davon mit tragischem Ausgang. Wer abgelegene Regionen bereisen will, sollte unbedingt ein Satellitentelefon dabeihaben und idealerweise in einer Kolonne von mindestens zwei Fahrzeugen unterwegs sein. Fest steht: Wer hier einmal mit dem Auto *on the road* war, fragt sich unweigerlich, ob man Entfernungen in Australien nicht besser »galaktisch« statt »geografisch« nennen sollte.

Auch aus der Luft wird die Größe des Landes spürbar: Wer die eben erwähnte Strecke von Perth nach Brisbane lieber fliegt, ist zwar schneller unterwegs, hat jedoch immer noch einen respektablen Inlandsflug von vier Stunden und 35 Minuten vor sich. Zum Vergleich: Der längste Inlandsflug in Deutschland, von München nach Sylt, dauert etwa eine Stunde und 25 Minuten.

Internationale Flüge nach Australien führen meist von Westen kommend quer über das gesamte Land nach Sydney oder Melbourne im Osten beziehungsweise Südosten. Wer aus Europa einreist, hat, sobald sich das Flugzeug erstmalig über australischem Boden befindet, bereits zwischen 15 bis 20 Stunden Reisezeit hinter sind. Und so dürfte sich wahrscheinlich jeder Tourist schon einmal selbst im Flugzeug dabei ertappt haben, bei einem Blick auf den Flugmonitor zu denken: »Ah, jetzt sind wir gleich da.« Dann schaut man entspannt seinen Film zu Ende, genießt das Abendessen, liest fünf Kapitel im Krimi, blättert noch durch den Reiseführer, trinkt einen Kaffee – und ruft erneut die Karte auf. Doch das kleine Flugzeugsymbol hat sich kaum bewegt. Ein prüfender Blick zum Nachbarn – ist der Bildschirm eingefroren?

Und genau DAS ist der Moment, an dem die meisten Leute das allererste Mal begreifen: Verdammt, Australien ist wirklich groß.

Aber nicht nur die Entfernungen, auch die Zeit hat in diesem Land ihre ganz eigenen Dimensionen. Australiens Festland ist in vier **Zeitzonen** aufgeteilt. Als wäre das nicht schon kompliziert genug, kommen durch entlegene Inseln wie die Cocos Islands, Christmas Island oder

Norfolk Island noch weitere hinzu. Zusammen mit diesen abgelegenen Territorien zählt Australien stolze neun offizielle Zeitzonen.

Für die meisten Leute sind jedoch vor allem diese vier relevant:

- die Westaustralische Zeit (UTC+8), z. B. Perth
- die Zentralaustralische Zeit (UTC+9:30), z. B. Adelaide
- die Ostaustralische Zeit (UTC+10), z. B. Sydney, Melbourne und Brisbane

Moment – da fehlt doch noch eine. Richtig, denn an der Grenze zwischen Western Australia und South Australia liegt die winzige Siedlung Eucla, die sich nicht so richtig entscheiden konnte und kurzerhand ihre ganz eigene Zeitzone eingeführt hat: UTC+8:45.

GOOD TO KNOW

Keine Regel ohne Ausnahme. In Broken Hill, einem Ort in New South Wales, hatte man offensichtlich keine Lust, sich wie der Rest des Bundesstaats nach der östlichen Zeit zu richten. In der Region gilt als einzige Ausnahme die Zentralaustralische Zeitzone.

Es ist zwar nicht ganz einfach, doch in der Winterzeit kann man sich die Eigenheiten und Aufteilungen all dieser Zonen noch ganz gut merken. Richtiges Chaos herrscht aber, sobald die Sommerzeit heranrückt, denn: Surprise! Nicht alle Bundesstaaten machen bei der Zeitumstellung mit. New South Wales, Victoria, South Australia, Tasmania und das Australian Capital Territory stellen die Uhren eine Stunde vor. Queensland, Western Australia und das Northern Territory dagegen nicht. So kann es passieren, dass bei landesweit tätigen Firmen im Sommer immer mal irgendwer nicht im Online-Meeting auftaucht, weil er die Uhrzeiten verwechselt hat.

GEOGRAFIE & NATUR

2

Lebt ihr eigentlich alle an der Küste?

DA DAS INLAND TROCKEN UND UNFRUCHTBAR IST, HABEN SICH DIE MEISTEN MENSCHEN ENTLANG DER KÜSTEN ANGESIEDELT.

Obwohl Australien flächenmäßig fast so groß wie Europa ist, wird das Land von gerade einmal 27 Millionen Menschen bewohnt. Der Großteil davon, nämlich fast 90 Prozent aller Australier, lebt in den östlichen und südöstlichen Küstenregionen. Hiervon wohnen fast alle weniger als **50 Kilometer** vom Meer entfernt. Das Landesinnere (Outback) nimmt zwar riesige Flächen ein, ist aber fast menschenleer. Kein Wunder, denn hier ist es größtenteils extrem trocken und im Sommer unglaublich heiß. Die Böden sind unfruchtbar und in vielen Regionen sogar wüstenartig. Auch Infrastruktur wie Straßen, Wasserleitungen, Stromversorgung oder Internet ist im Outback nur begrenzt vorhanden. Warum also eine Stadt in der Hitze und mitten im Nirgendwo bauen, wenn man auch am Meer leben kann?

Und so reihen sich heute die **größten Städte** direkt entlang der Küste auf. Eigentlich kann man sie an einer Hand abzählen. Zumindest solche mit mehr als einer Million Einwohner:

1. Sydney an der Ostküste (5,5 Millionen)
2. Melbourne an der Südostküste (5,3 Millionen)
3. Brisbane an der Nordostküste (2,7 Millionen)
4. Perth an der Westküste (2,3 Millionen)
5. Adelaide an der Südküste (1,4 Millionen)

In diesen Regionen gibt es eine attraktive Auswahl an Schulen und Universitäten, kulturelle Angebote und viele verschiedene Arbeitsplätze. Das alles lässt die wenigsten Leute auf die Idee kommen, einfach ihre Koffer zu packen und in den Busch zu ziehen. Und so kann es passieren, dass man im Zentrum des Kontinents stundenlang fährt, ohne einem einzigen Menschen zu begegnen, während sich an der Küste einige Millionen Leute auf vergleichsweise engem Raum tummeln.

GEOGRAFIE & NATUR

3

Wieso stehen bei euch riesige Obst-Skulpturen im Land herum?

DIE SOGENANNTEN *BIG THINGS* ENTSTANDEN AB DEN 1960ER-JAHREN, UM AUFMERKSAMKEIT FÜR KLEINE ORTE ODER LOKALE PRODUKTE ZU SCHAFFEN.

Auf einem Road-Trip durch Australien begegnet man ihnen irgendwann ganz automatisch: riesigen, knallbunten **Skulpturen** von Ananas, Erdbeeren, Mangos, Bananen oder überdimensionalen Krabben. Ein Backpacker beschrieb es einmal ein bisschen überspitzt, aber passend: »Das sieht aus, als hätte jemand einen Kindergeburtstag geplant und vergessen, das Dekorationsbudget zu begrenzen.«

Was für viele auf den ersten Blick wie reiner Kitsch oder eine exzentrische Laune lokaler Künstler wirkt, hat in Australien einen Namen: *The Big Things*. Diese meist mehrere Meter hohen Objekte sind über das ganze Land verteilt – über **250 Stück** an der Zahl – und ein fester Bestandteil des australischen Straßenbilds geworden. Manche sind inzwischen so bekannt, dass sie auf Reiseportalen sogar eigene Routenpläne bekommen haben.

Die Entstehungsgeschichte reicht zurück in die 1960er-Jahre. Damals begannen kleine Orte damit, überdimensionales Obst zu bauen, um die Aufmerksamkeit der Durchreisenden auf lokale Produkte zu lenken. So zum Beispiel auch Coffs Harbour, wo 1964 *The Big Banana* errichtet wurde. Sie war ursprünglich Werbung für die dortige Bananenplantage. Im Laufe der Jahre folgten die *Big Pinapple* in Queensland, der *Big Lobster* in Südaustralien und die *Big Mango* in Bowen.

Eine Idee, die bis heute funktioniert, denn viele Reisenden halten an, um sich vor der Riesenbanane, -mango oder -ananas ablichten zu lassen. Und von dort aus ist ein kleiner Abstecher in den jeweiligen Ort dann auch nicht mehr weit.

Im Lauf der Zeit wurden die überdimensionalen Objekte auch auf Tiere und Gegenstände ausgeweitet. So gibt es heute unter anderem auch *The Giant Koala*, *The Big Crocodile* und *The Golden Gumboot*. Einige der älteren *Big Things* sind inzwischen sogar **denkmalgeschützt**.

4

Exportiert ihr wirklich Kamele nach Saudi-Arabien?

AUSTRALIEN HAT IM OUTBACK EINE DER GRÖSSTEN WILDLEBENDEN KAMELPOPULATIONEN DER WELT. SIE GELTEN ALS GESUND UND GENETISCH HOCHWERTIG UND SIND SOMIT PERFEKT FÜR ZUCHTPROGRAMME IN ANDEREN LÄNDERN.

Laut Schätzungen gibt es etwa eine Million wildlebende Kamele im Zentrum Australiens. Es sind so viele, dass das Land einige davon dankend an interessierte Abnehmer verkauft. Tatsächlich sind australische Kamele ein gefragtes Exportgut, denn durch ihre Vermehrung in freier Wildbahn gelten sie als sehr resistent und wenig krankheitsanfällig.

Eine **Kamelfarmerin** aus dem Northern Territory bringt es treffend auf den Punkt: »Unsere Kamele sind echte Überlebenskünstler. Die Saudis lieben sie, weil sie hier im Busch gelernt haben, mit Hitze, Trockenheit und wenig Futter klarzukommen. Das macht sie besonders wertvoll.«

Australiens Kamele werden oft für die weitere Zucht von anderen Ländern gekauft. Zu den größten Kunden zählen Saudi-Arabien und die Vereinigten Arabischen Emirate. Hier hat das Kamel einen besonders hohen **Stellenwert**, die Tiere werden unter anderem für Rennen und die Zucht, aber auch praktischere Dinge wie für die Milch- oder auch Fleischproduktion genutzt. Es werden sogar Kamel-Schönheitswettbewerbe abgehalten, bei denen die stattlichsten Tiere prämiert werden.

Für Australien kommt der Exporterfolg eher unerwartet, denn Kamele sind hier ursprünglich gar nicht heimisch. Wie kam es also überhaupt dazu, dass die Tiere sich in so großer Zahl im Outback ansiedeln konnten?

Im 19. Jahrhundert brachten die Briten Kamele nach Australien, um das riesige, trockene Landesinnere zu erkunden und begehbare Handelswege zu schaffen. Die Kamele, zusammen mit ihren afghanischen Kameltreibern (*Afghan Cameleers*), waren perfekt an die extremen Bedingungen angepasst. Sie transportierten Güter, Wasser und sogar Baumaterialien für Großprojekte wie den Bau der transaustralischen

Telegrafenleitung zwischen Adelaide und Darwin. Mit der Erfindung moderner Fahrzeuge wie Eisenbahn und Autos wurden Kamele zunehmend überflüssig. Viele Tiere wurden einfach freigelassen und vermehrten sich seither unkontrolliert in der Wildnis. Ohne natürliche Feinde und mit ausreichend Nahrung und Wasser konnten sie sich hervorragend anpassen und wurden zur weltweit größten Population in freier Wildbahn. Heute leben die Herden vor allem in den trockenen Regionen von Westaustralien, dem Northern Territory, Südaustralien und Queensland. Mit einer geschätzten Anzahl von einer Million gelten sie zwar noch nicht als Plage, aber die Australier versuchen, die Population durch gezielte Maßnahmen einzudämmen und nicht weiter anwachsen zu lassen. Einige Experten warnen sogar, dass die aktuellen Unternehmungen nicht ausreichen und härter eingegriffen werden müsste. Mit einer zu geringen Populationskontrolle verdoppelt sich die Anzahl der Kamele alle acht bis neun Jahre.

An einigen Orten stellen die Tiere Australien bereits vor große **ökologische** und wirtschaftliche **Herausforderungen**. Wo sie in riesigen Herden durch das Outback ziehen, zerstören sie oft die Vegetation und fressen enorme Mengen an Pflanzen. Da das Maul der Tiere extrem unempfindlich ist, ist es ihnen ziemlich egal, was darin landet. So können sie auch dornige oder sehr harte Pflanzen fressen, und nichts ist vor ihnen sicher. Sie trinken außerdem riesige Wassermengen und leeren natürliche Quellen, was in Dürreperioden für andere, heimische Tiere hochproblematisch ist. An manchen Stellen gibt es auch Konflikte mit landwirtschaftlichen Flächen, wenn Kamele bei ihrer Wanderung Zäune zerstören. Der Export in andere Länder ist inzwischen also tatsächlich auch ein Mittel dazu, die Anzahl der Tiere zu begrenzen.

FUN FACT

In Alice Springs, das im Zentrum Australiens nahe dem Uluru liegt, findet ein Mal im Jahr der *Camel Cup* statt. Das Kamelrennen lockt Jung und Alt aus der gesamten Umgebung an.

Doch Kamele sind heutzutage in Australien natürlich längst viel mehr als nur ein Exportgut. Sie werden vielseitig eingesetzt, oftmals auch für **Touristenattraktionen**. Bei Sonnenaufgang oder -untergang auf dem Rücken eines Kamels durch die roten Dünen am Uluru zu reiten, ist für viele Australien-Besucher ein unvergessliches Erlebnis. In Broome an der Westküste werden Kameltouren am berühmten Cable Beach angeboten. In derselben Gegend findet außerdem das Naturschauspiel *Staircase to the Moon* (Treppe zum Mond) statt. Bei Ebbe und Vollmond wird das Licht des Monds auf dem freiliegenden nassen Sandstrand so reflektiert, dass es aussieht, als würde eine Treppe zum Mond führen. Diese optische Illusion lockt jedes Mal zahlreiche Besucher und Hobbyfotografen an. Um das sich bietende Bild noch spektakulärer zu machen (manche Leute würden sagen, noch kitschiger), werden Kamelkarawanen im nächtlichen Mondschein an den Besuchern vorbeigeführt.

GOOD TO KNOW

Kamele sind wahre Überlebenskünstler. Sie können bis zu 200 Liter Wasser in nur 15 Minuten trinken und dann wochenlang damit auskommen. Ihr Körper kann Flüssigkeit besonders effizient nutzen, und die Tiere setzen sogar Taktiken ein, um selbst möglichst wenig des gespeicherten Vorrats zu verbrauchen. So erhöhen Kamele tagsüber gezielt ihre Körpertemperatur auf bis zu 42 Grad. Dadurch schwitzen sie weniger und verlieren nur wenig ihres gespeicherten Wassers.

Das Kamel, das einst ins Land importiert wurde, ist heutzutage also nicht nur ein unerwartet gefragtes Exportgut, sondern findet auch anderweitig vielseitige Verwendung. Es ist in Australien ein Symbol für das Outback geworden und daraus inzwischen nicht mehr wegzudenken.

GEOGRAFIE & NATUR

5

Ihr habt eine kleine Stadt, die niemand kennt, zu eurer Hauptstadt gemacht?

SYDNEY UND MELBOURNE KONNTEN SICH ANFANG DES 20. JAHRHUNDERTS NICHT EINIGEN, WER DIE HAUPTSTADT WERDEN SOLLTE. ALSO GAB MAN DEN UMKÄMPFTEN STATUS EINFACH AN CANBERRA, DAS GENAU AUF HALBEM WEG ZWISCHEN DEN BEIDEN RIVALEN LIEGT.

Fast jeder kennt Sydney mit seinem weltberühmten Opernhaus oder aber auch Melbourne mit seiner coolen Kulturszene. Doch welche davon ist eigentlich Australiens Hauptstadt? Die Antwort lautet kurz und knackig: keine der beiden. Stattdessen wurde die Ehre einem Ort zuteil, der ein bisschen *in the middle of nowhere* liegt: Canberra. Viele Leute haben den Namen noch nie gehört und tun sich mit der Aussprache erst einmal schwer. »Kan-ber-ra?« Nein, die Australier sagen liebevoll »Käään-braaa«.

Doch die Entscheidung dafür fiel nicht zufällig, sie war ein **politischer Kompromiss**. Anfang des 20. Jahrhunderts konnten sich die zwei größten Städte Australiens, Sydney und Melbourne, nicht einigen, welche von beiden Hauptstadt der neuen Kolonie werden sollte. Die Rivalität war groß und das beidseitige Ego ebenso. Schließlich einigte man sich auf eine dritte Option: Um niemanden zu bevorzugen, wurde 1908 ein kleiner Ort genau auf halbem Weg zwischen den Rivalen zur Hauptstadt gekürt. Canberra war damals nur ein dünn besiedeltes Gebiet im Buschland von New South Wales. Durch den neu verliehenen Titel wanderte der Fokus zum ersten Mal auf die Region und ab 1913 entstand dort nach Entwürfen des amerikanischen Architekten Walter Burley Griffin eine vollständig **geplante Hauptstadt**. Es sollte breite Straßen, viel Natur und einen künstlich angelegten See im Zentrum geben. Optisch sollte sich die Stadt durch ihren vollkommen geometrischen Aufbau hervorheben.

All dies sieht man heute bei einem Blick auf den Stadtplan. Dabei ist der Aufbau aber nicht im klassischen Schachbrettmuster angelegt, sondern in konzentrischen Kreisen und Strahlen, ähnlich wie ein Spinnennetz. Im absoluten Zentrum steht der **Capital Hill**, auf dem auch das *Parliament House* (Parlamentsgebäude) zu finden ist. Alle Straßen bewegen sich strahlenförmig davon weg.

Diese spezielle Anordnung zeigt also sehr bildlich: Canberra ist das politische Herz Australiens. Hier befinden sich das Parlament, der Regierungssitz des Premierministers und der High Court. Es ist aber nicht nur eine Stadt der Ministerien, Behörden und Botschaften, sondern auch eine der grünsten Städte des gesamten Landes. Es gibt eine Menge großzügiger Parks und viele Grünstreifen, die dort die breiten Straßen säumen. Obwohl alles funktional, sauber und gut organisiert ist, wirkt es auf manch einen aber auch zurückhaltend und – vor allem im Vergleich mit dem voller Leben vibrierenden Melbourne oder Sydney – geradezu langweilig.

Für ein Gros der Australier ist Canberra weniger Reiseziel als vielmehr reiner Verwaltungssitz. Manche nennen sie liebevoll »*Bush Capital*« oder ein wenig scherzhaft »die Stadt ohne Seele«. Fairerweise muss man aber sagen, dass dies nicht unbedingt stimmt, denn hinter der kühlen Fassade verbirgt sich eine recht lebendige Kulturszene. Hier finden sich nicht nur einige der angesehensten Museen und Galerien des Landes, sondern auch eine wachsende Food- und Weinszene.

Canberra ist aktuell mit ca. 450.000 Einwohnern die sechstgrößte Stadt in Australien und damit die kleinste aller Städte, die sich in Australien »Großstadt« nennen dürfen. Bei Zuziehenden stehen meist andere Orte wie Melbourne, Sydney oder Brisbane höher im Kurs, und auch Australier ziehen oft nur beruflich und zeitlich begrenzt für ein paar Jahre in die Gegend. Dabei lockt die Hauptstadt mit **hohen Gehältern**, vor allem im IT-Bereich. Auf der Gehältertabelle der verschiedenen Bundesstaaten in Australien sieht man, dass Canberra, oder besser gesagt das Australian Capital Territory (ACT), in dem die Stadt liegt, den ersten Platz belegt. So findet man in der Region heute viele gut ausgebildete Arbeitskräfte, wovon die meisten mutmaßlich durch die hohen Löhne und guten Arbeitsbedingungen angelockt werden.

Canberra ist auch die einzige große Stadt, die ein wenig ins Landesinnere versetzt ist und sich nicht direkt an der Küste befindet. Zum nächstgelegenen Surfspot am Meer braucht man mit dem Auto immerhin etwas mehr als zwei Stunden. Kein Wunder, dass es da für die meisten Australier einen kleinen gehaltlichen Anreiz braucht, um das Surfbrett in der Ecke liegen zu lassen.

FUN FACT

Der Name *Canberra* stammt aus der Sprache der Ngunnawal, der ursprünglichen, indigenen Bewohner der Region. Er bedeutet vermutlich »Treffpunkt«. Es gibt allerdings noch eine andere Übersetzungstheorie, nach der Canberra auch mit »Frauenbrüste« übersetzt werden könnte. Angeblich soll sich der Name dann auf die Form der umliegenden Hügel beziehen.

Als Besucher muss man in Canberra also manchmal zweimal hinschauen, um zu merken, dass man sich hier gerade in der Hauptstadt befindet. Für ordnungsliebende Deutsche müsste die Stadt aber der perfekte Wohnort sein, denn hier wurde definitiv nichts dem Zufall überlassen und alles hat seinen Platz.

GEOGRAFIE & NATUR

6

Ist Perth wirklich die abgelegenste Stadt der Welt?

PERTH IST ÜBER 2.100 KILOMETER VON DER NÄCHSTEN GROSSSTADT ENTFERNT UND DAMIT DIE ABGELEGENSTE MILLIONENSTADT DER WELT. SIE LIEGT NÄHER AN SÜDOSTASIEN ALS AN SYDNEY.

Perth liegt direkt am **Swan River**, nur wenige Kilometer vom Indischen Ozean entfernt. Die Stadt ist modern, sauber und sonnenverwöhnt mit einem Klima, das wir Europäer als »über das gesamte Jahr hinweg angenehm« beschreiben würden. Geografisch liegt Perth ungefähr auf gleicher Höhe wie Sydney, nur am anderen Küstenende, also ganz im Westen. Dort gibt es ansonsten keine weiteren größeren Städte in nächster Nähe.

Tatsächlich ist die Lage von Perth so **isoliert**, dass die nächste Großstadt mit vergleichbarer Einwohnerzahl, Adelaide, über 2.100 Kilometer Luftlinie entfernt ist. Dazwischen liegen ein paar vereinzelte, kleine Örtchen, zum Großteil aber einfach nur die große Weite des Outbacks.

Zur Veranschaulichung: Die Entfernung ist etwa vergleichbar mit der Strecke von Berlin nach Lissabon (2.300 Kilometer). Der Unterschied ist aber natürlich, dass man in Europa dazwischen auf Dutzende Städte verschiedener Länder und Millionen von Menschen trifft. In Australien fährt man stattdessen durch weite Leere, vorbei an Salzseen, Buschland und Steppen.

Um zu verstehen, wie absurd abgelegen Perth wirklich ist, muss man wahrscheinlich selbst einmal einen Blick auf den Globus werfen. Dort sieht man nämlich, dass die nächstgelegene Stadt zu Perth zwar Adelaide ist, aber auch Bali in Indonesien ist mehr oder weniger gleich weit entfernt. Kein Wunder also, dass Bali für Australier, die im Westen des Landes wohnen, ein beliebter Urlaubsort geworden ist. Manch ein Australier würde sagen: Bali ist das australische Mallorca.

Jedenfalls fliegt es sich schneller hin als ins heimische Sydney, denn dafür sitzt man von Perth aus viereinhalb Stunden im Flugzeug. Zum Vergleich: Nach Bali sind es »nur« drei Stunden und 45 Minuten.

Und apropos Flugzeug – Perth ist nicht nur die abgelegenste Millionenstadt der Welt, sondern auch die einzige Großstadt, in deren unmittelbarem Zentrum (Central Business District) Flugzeuge landen können. Möglich macht das der **Langley Park**, dessen große, grasbewachsene Flächen sich am Swan River und damit direkt am Rand der Innenstadt entlangziehen. Ursprünglich wurde der Park in den 1920er-Jahren als provisorische Landebahn für die ersten Zivilflugzeuge genutzt. Bis heute finden hier regelmäßig sogenannte »Fly-ins« statt, bei denen kleine Propellermaschinen zur Show landen.

Natürlich hat Perth heutzutage auch einen internationalen Flughafen, der etwa zehn Kilometer östlich des Stadtzentrums liegt. Dieser hat dazu beigetragen, dass Perth trotz seiner Abgeschiedenheit ein bisschen weniger von der Außenwelt isoliert und wenigstens gut erreichbar ist.

Trotz seiner Lage hat sich die Stadt aber zu einem der wirtschaftlich stärksten Zentren des Landes entwickelt, vor allem durch den **Bergbau-Boom** in großen Teilen von Western Australia. Der wirtschaftliche Aufschwung hat Perth modern und wohlhabend gemacht, und es gibt deshalb viele Minenarbeiter, die hier ihren Wohnsitz haben. Für die Arbeit werden diese Leute dann oft für mehrere Wochen am Stück in die meist nordöstlich gelegenen Minen im Outback geflogen. »*Two weeks on, two weeks off*« nennt sich der für uns Europäer ziemlich unbekannte Arbeitsrhythmus. Also: zwei Wochen arbeiten, zwei Wochen zu Hause entspannen. In ihrer Freizeit genießen die Minenarbeiter dann die hohe Lebensqualität von Perth.

FUN FACT

Perth liegt am Swan River, und dieser Name ist durchaus wörtlich zu nehmen. Hier tummeln sich viele Schwäne, die aber nicht weiß, sondern schwarz sind. Ein Merkmal, das sich auch auf dem Wappen von Western Australia wiederfindet.

Australier, die auf der anderen Seite des Kontinents wohnen, sagen oft scherzhaft, dass man für eine Reise nach Perth eigentlich einen Reisepass bräuchte. Einige davon bezeichnen Westaustralien sogar als »**australisches Texas**«, denn sicherlich wäre niemand überrascht, wenn die Einwohner dort mit Cowboyhüten herumlaufen würden. Die Bezeichnung kommt aber vor allem daher, dass Perth und Houston (Texas, USA) auch ganz offiziell *Sister Cities* sind. Die beiden Städte verbinden schließlich nicht nur wirtschaftliche, sondern auch kulturelle Gemeinsamkeiten. Beide befinden sich in abgelegenen Regionen, die aber reich an Bodenschätzen wie Öl und Gas (Texas) oder Kohle (Western Australia) sind. Ebenfalls betonen beide Staaten auch gerne recht vehement ihre Eigenständigkeit und Unabhängigkeit. In Western Australia sieht man bis heute, dass dort viele Entscheidungen, die »der Rest des Landes« getroffen hat, auf Widerstand stoßen und entweder gar nicht oder nur abgeändert übernommen werden.

So hat es Western Australia nicht nur abgelehnt, die Zeitumstellung zur Sommerzeit einzuführen, sondern sieht bei Autos auch keinen Sinn in einer regelmäßigen Sicherheitsüberprüfung, wie es in anderen Bundesstaaten durchaus der Fall ist. Während Privatfahrzeuge sonst überall in bestimmten Abständen zur Inspektion müssen, ist das im australischen Texas nur dann nötig, wenn ein Fahrzeug das erste Mal zugelassen wird. Das kann entweder bei einem Neukauf der Fall sein oder bei einem Umzug aus einem anderen Bundesstaat nach Westaustralien.

Obwohl bei der Fahrzeugsicherheit ein bisschen mehr Regulierung nicht schaden könnte, fühlt man sich durch die generell lockeren Regeln im gesamten Westen auch irgendwie freier als im Rest des Landes. Nur eine seltene Automarke sollte man hier lieber nicht fahren, denn auf Ersatzteile wartet man teilweise monatelang.

GOOD TO KNOW

1962 schalteten die Bewohner von Perth nachts alle Lichter an, damit der Astronaut John Glenn die Stadt aus dem All sehen konnte. Seither trägt Perth auch den Spitznamen »City of Light«.

GEOGRAFIE & NATUR

7

Im Outback gibt es einen Ort, wo Menschen unterirdisch wohnen?

IN COOBER PEDY BAUEN DIE MENSCHEN IHRE WOHNUNGEN, KIRCHEN, RESTAURANTS UND SOGAR CAMPINGPLÄTZE UNTER DER ERDE, UM SCHUTZ VOR DEN ÜBERMÄSSIG HEISSEN TEMPERATUREN IM OUTBACK ZU HABEN.

Das kleine Dörfchen Coober Pedy liegt mitten im Outback. Die wenigsten Australier waren selbst schon einmal hier, auch, weil man normalerweise nie einfach so daran vorbeikommt. Nur die Leute, die sich mit dem Auto von Adelaide nach Norden in Richtung Zentrum des Landes aufmachen, führt der Weg über den Stuart Highway direkt an dem kleinen Ort vorbei. Allerdings erst nach rund neun Stunden Fahrzeit. Wenn man die Gegend sieht, fragt man sich, warum hier überhaupt irgendein Mensch freiwillig wohnen würde. Es ist die meiste Zeit unerträglich heiß bei Temperaturen bis zu 50 Grad und der rote Sand wird mal mehr, mal weniger stürmisch mit dem Wind durchs Land getragen.

Die Entstehungsgeschichte von Coober Pedy geht ins Jahr 1915 zurück, als ein Kind dort beim Spielen durch Zufall auf **Opale** stieß. Der Fund sprach sich herum, und mit Ende des Ersten Weltkriegs, als australische Soldaten in die Heimat zurückkehrten, entwickelte sich ein regelrechter Goldrausch in der Gegend.

Seitdem zieht der Ort **Schatzsucher** und Aussteiger aus aller Welt an. Die Einwohnerzahl beträgt heute immer noch stattliche 1.600 Personen – allerdings bei sinkender Tendenz. Trotzdem stammen unglaubliche 70 Prozent der jährlich gewonnenen Opale weltweit aus dieser Gegend.

Wegen der Hitze leben die meisten Bewohner in unterirdischen Wohnungen, sogenannten »*Dugouts*«. Anders als an der heißen Oberfläche herrschen unter der Erde das ganze Jahr über angenehme Temperaturen zwischen 23 und 25 Grad. Aus dieser speziellen Wohnsituation heraus entstand auch der Name der Stadt. »Coober Pedy« stammt nämlich aus der Sprache der *Aboriginal People* und bedeutet übersetzt »weißer Mann im Loch«. Passend.

GEOGRAFIE & NATUR

8

Was, bei euch kann man Nordlichter sehen?

JEIN. AUCH IN AUSTRALIEN GIBT ES POLARLICHTER, SIE HEISSEN DORT ABER »AURORA AUSTRALIS« ODER »SÜDLICHTER«.

Polarlichter sind ein bekanntes Naturphänomen, das meist mit Regionen nahe dem Nordpol wie Norwegen, Kanada oder Island in Verbindung gebracht wird und dort »Aurora Borealis« heißt. Weniger bekannt ist, dass es diese Lichterscheinungen auch auf der Südhalbkugel gibt. Die »Aurora Australis«, auch als »Südlichter« bezeichnet, entstehen durch den gleichen physikalischen Prozess wie ihre nördlichen Pendants: Geladene Teilchen der Sonne treffen auf das Magnetfeld der Erde und erzeugen so die bekannten Lichtphänomene in der Atmosphäre. Wie auch bei den Nordlichtern hängt die Häufigkeit der Südlichter also von der **Sonnenaktivität** ab.

Während die Nordlichter aufgrund der höheren Bevölkerungsdichte in den nördlichen Regionen der Erde bekannter sind, treten die Südlichter hauptsächlich über der **Antarktis** auf. Dennoch gibt es auch in Australien einen Ort, an dem sie besonders gut beobachtet werden können: in Tasmanien. Die Insel, die den südlichen Zipfel Australiens bildet, zeichnet sich durch besonders klare und reine Luft aus und bietet so die idealen Voraussetzungen für Beobachter und Hobby-Fotografen.

Weitere Beobachtungspunkte bieten sich im Süden entlang der Küste von Victoria. Am besten lassen sich die Lichter der Aurora Australis in den Wintermonaten (Mai bis August) beobachten, wenn die Nächte länger sind und der Himmel klarer ist.

Die Erscheinung der Südlichter unterscheidet sich häufig deutlich von den intensiven und farbenprächtigen Nordlichtern. Während diese meist in starken Grün-, Rot- oder Lilatönen auftreten, sind die Südlichter generell weniger intensiv und erscheinen mit bloßem Auge eher als sanftes Leuchten oder diffuse Lichtstreifen am Himmel. Ihre Farben sind oft nur durch Langzeitfotografie in ihrer vollen Intensität erkennbar. Wenn man sie mit den eigenen Augen sieht, sind sie aber dennoch ein beeindruckendes Naturschauspiel.

GEOGRAFIE & NATUR

9

Wie bleibt ihr selbst bei Buschbränden und Zyklonen so unglaublich entspannt?

EXTREME WETTERBEDINGUNGEN SIND IN AUSTRALIEN NICHT UNGEWÖHNLICH. BUSCHBRÄNDE, ÜBERSCHWEMMUNGEN UND TROPISCHE WIRBELSTÜRME SIND REGELMÄSSIG WIEDERKEHRENDE NATUREREIGNISSE.

Die Vorbereitung auf Naturkatastrophen wird sehr ernst genommen und in bestimmten Gegenden sind Australier es gewohnt, gemeinsam für den Katastrophenfall zu üben. Behörden und Einsatzkräfte trainieren in Übungseinsätzen den gesamten Ablauf, Planung und Koordination. Für Bürger gibt es spezielle Events und Informationsveranstaltungen, zum Beispiel die »*Community Fire Days*«. Sie werden meist von lokalen Feuerwehren und einigen Freiwilligen organisiert und richten sich an all jene, die in Risikogebieten für Buschfeuer wohnen. Hier lernen Jung und Alt, wie man sich auf Brände vorbereiten kann und wie im Ernstfall die Evakuierung verläuft. Die *Community Days* fördern außerdem das Kennenlernen und den Austausch unter Nachbarn. Oft entstehen dabei kleine Aktionsgruppen, die sich regelmäßig treffen und gemeinsam Notfallpläne erarbeiten. In vielen Regionen gibt es auch eine Art »offiziell ausgebildete« Nachbarschaftshilfe. Hier werden einige Bewohner von der Feuerwehr als Ersthelfer geschult, um im Ernstfall die richtigen Schutzmaßnahmen für ihr Viertel und die restlichen Nachbarn ergreifen zu können.

Besonders häufig kommen **Buschfeuer** im Süden und Osten Australiens vor, wo sie auch regelmäßig große Schäden anrichten. Ein Nachteil für die dortigen Anwohner ist, dass es hier Pflanzen gibt, für die Buschfeuer nicht nur kein Problem, sondern sogar Teil ihres **Lebenszyklus** sind. Allen voran der Eukalyptusbaum, von dem es im Süden und Osten Australiens ganze Wälder gibt. Seine in der Rinde enthaltenen ätherischen Öle machen ihn extrem leicht entflammbar. Aber – ist das nicht ein Fauxpas der Natur? Warum sollte man sich als Baum zu einer Art Streichholz entwickeln, das unter den heißen Temperaturen im Sommer quasi nur darauf wartet, angezündet zu werden?

Tatsächlich war diese Entwicklung kein Zufall, sondern Absicht. Denn beim Eukalyptusbaum führt die Hitze eines Buschfeuers dazu, dass seine Samenkapseln aufplatzen und er sich so vermehren kann. Außerdem kann er selbst aus abgebrannten Stämmen in sehr kurzer Zeit wieder neue Zweige und Blätter wachsen lassen. Damit ist es für den Baum sogar von Vorteil, wenn das Feuer andere Pflanzen beseitigt und er dann umso mehr Platz hat, neu auszutreiben. Buschbrände sind in Australien also tatsächlich fester Bestandteil des dortigen Ökosystems. Flora und Fauna brauchen gelegentliche Feuer, um funktionieren zu können.

Buschbrände kommen in *Down Under* – nicht überraschend – vor allem in den Sommermonaten vor. Bei Temperaturen von über 40 Grad ist die Vegetation vielerorts so trocken, dass schon ein kleiner Funke für ein Feuer ausreicht. Deshalb sind in Australien an **Silvester**, das dort mitten im Hochsommer liegt, private Feuerwerke streng verboten. Stattdessen richten die Städte an gezielten Orten ein *Public Viewing* ein, mit einem von der Stadt geplanten und durchgeführten Feuerwerk. Das Bekannteste davon findet jedes Jahr über der Harbour Bridge in Sydney statt und wird aufgrund der Zeitzonen immer als Erstes im Fernsehen übertragen.

Zur selben Zeit bereiten sich Australier, die weiter nördlich an der Küste von Queensland wohnen, auf ein ganz anderes Wetterphänomen vor: die alljährliche »**Cyclone Season**«. In den Monaten von November bis April ist es nicht unüblich, dass dort heftige Wirbelstürme durchs Land ziehen. So ist es keine Seltenheit, dass sich Anwohner und Firmen immer wieder kurzfristig verbarrikadieren, wenn der Wetterdienst den nächsten Zyklon ankündigt. Von Firmen aus der Gegend bekommt man in dieser Zeit automatisierte E-Mail-Antworten, die ungefähr so lauten: »*G'day!* Wegen dem herannahenden Wirbelsturm Bianca ist unser Büro vorübergehend geschlossen. Wenn alles gutgeht, sind wir nächste Woche wieder erreichbar – vorausgesetzt, es gibt keine größeren Schäden am Dach. *Cheers!*«

Natürlich sind die Menschen im tropischen Norden vorbereitet: Häuser sind flutsicher auf Stelzen gebaut und Fenster werden mit Sperrholzplatten gegen den Sturm gesichert. Entlang der Straßen gibt es Warnschilder. Auf einem davon steht auf knallrotem Grund in Weiß geschrieben: »*It is now Cyclone Season. Have you checked the road conditi-*

ons ahead?« Dann wird noch eine Telefonnummer angegeben, unter der man Auskunft bekommen kann. Auf anderen Schildern kann man die aktuelle Lage im Vorbeifahren ablesen: »*Current Cyclone Status – Blue Alert – Tune into 603 AM*«. Durch tauschbare Leisten wird der jeweilige Status aktualisiert. So kann aus »*Blue Alert*«, das für die erste Warnstufe und »Vorbereiten« steht, auch »*Yellow Alert*« (»Jetzt handeln«) oder »*Red alert*« (»Sofort Schutz suchen«) werden.

Seit Juli 2024 wird in ganz Australien schrittweise das neue *Australian Warning System* (*AWS*) eingeführt. Es soll die Warnhinweise für alle Naturgefahren vereinheitlichen und nutzt dann ausschließlich die Farben Gelb (*Advice*), Orange (*Watch and Act*) und Rot (*Emergency Warning*). Die Bedeutung bleibt aber ähnlich: Je »wärmer« die Farbe, desto dringender und ernster die Lage. Die alten Farbstufen werden gerade nach und nach abgelöst, sind aber auf manchen Schildern noch zu finden.

Leider nehmen durch den **Klimawandel** extreme Wetterereignisse in der Häufigkeit zu. Die Folgen für Australien sind dramatisch. Dürreperioden lassen große Fluss-Systeme, die bisher für die Wasserversorgung genutzt wurden, einfach austrocknen. Viele Menschen fordern deshalb seit Jahren von der Regierung, endlich sinnvolle Maßnahmen zu ergreifen. Leider stießen die Forderungen beim ehemalige Premierminister Scott Morrison, der von 2018 bis 2022 im Amt war, auf relativ taube Ohren. Obwohl er versprach, dass man Emissionen senken wolle, war seine Politik industriefreundlich und betonte zum Beispiel, dass man auf keinen Fall eine CO_2-Steuer einführen oder die Strompreise erhöhen wolle. Sein Ziel war es vor allem, die australische Kohleindustrie zu schützen.

Unter dem aktuellen Premier Anthony Albanese, der seit 2022 im Amt ist, nehmen Themen wie erneuerbare Energien nun an Fahrt auf, und auch längst überfällige Klimaziele wurden endlich festgelegt.

Die australische Bevölkerung ist also *well aware* über die Klimalage und möchte mehr tun, als sich bloß weiterhin mit großer Disziplin auf Wetterereignisse vorzubereiten. Buschbrände oder Zyklone sind aber grundlegend nichts Neues für sie, und so begegnen sie diesen Ereignissen meist einfach mit dem Motto: »*Keep calm and carry on.*« (Bleib ruhig und mach einfach weiter).

GEOGRAFIE & NATUR

10

Warum sind eure Tiere entweder super-süß oder absolut tödlich?

DIE LANGE GEOGRAFISCHE ISOLATION DES KONTINENTS HAT VIELE TIERE HERVORGEBRACHT, DIE SICH ZU VERTEIDIGEN WISSEN. SELBST DAS SÜSS WIRKENDE KÄNGURU KANN GEFÄHRLICH WERDEN.

Ausländische Studenten haben es in Australien nicht leicht. Ständig muss man seiner Familie bestätigen, dass man noch lebt: »Nein Mama, ich wurde noch von keiner giftigen **Spinne** gebissen. Wenn man seine Schuhe immer kurz ausschüttelt, bevor man sie anzieht, dann passiert da eigentlich nichts. … Ja, ich war letztens campen, aber die **Schlangen** sind sowieso recht schreckhaft und verkriechen sich schnell. **Krokodile**? Nein Mama, die gibt's hier in Sydney nicht. Giftige **Quallen**? Nein, die gibt's auch nur weiter nördlich an den Küsten bei Queensland. **Haie**?« – Der Blick huscht zum Surfbrett in der Zimmerecke. Vielleicht hätte man seiner Familie lieber erzählen sollen, dass man in Neuseeland studiert. Denn dort gibt es definitiv weniger, genauer gesagt: fast gar keine Tiere, die einen entweder verspeisen wollen oder aber klein und giftig sind.

Tatsächlich könnten Australien und Neuseeland in puncto Tierwelt gar nicht unterschiedlicher sein, und das, obwohl Neuseeland nicht weit von Australien entfernt liegt. Die beiden Inselnationen sind nur durch ein Stückchen Ozean getrennt und haben doch zwei völlig verschiedene Entstehungsgeschichten, was auch den riesigen Unterschied in der Tierwelt erklärt.

Die Landmasse, die heute Australien ist, spaltete sich vor etwa 180 Millionen Jahren vom Urkontinent Gondwana ab. Die Tierwelt hatte dann etwa 50 Millionen Jahre Zeit, um sich in kompletter **Isolation** eigenständig zu entwickeln. In dieser Zeit entstand ein weltweit einmaliges Ökosystem, in dem kleine Lebewesen ihre Verteidigungsstrategien perfektioniert haben. Meist durch den Einsatz **giftiger Stoffe**. Parallel dazu fanden auch Beuteltiere wie das Känguru und eierlegende Säugetiere wie der Ameisenigel hier ihren Lebensraum. Tatsächlich sind auch

Mischformen entstanden wie das Schnabeltier, das aussieht, als hätte Mutter Natur einen Biber, eine Ente und einen Fisch gekreuzt. Und weil wir ja in Australien sind und nicht sonst irgendwo, hat die Natur dem eigentlich ganz süß aussehenden, pelzigen Tierchen auch noch einen Giftsporn an den Flossen spendiert. Klar.

GOOD TO KNOW

Die einzigen zwei eierlegenden Säugetiere weltweit sind in Australien beheimatet. Es sind das dämmerungs- und nachtaktive Schnabeltier (Platypus) und der Ameisenigel (Echidna).

Ganz anders sieht es im »sanften« Neuseeland aus. Die Inseln entstanden deutlich später und sind vulkanischen Ursprungs. Sie hatten nie eine Verbindung zu anderen Landmassen, über die Tiere hätten einwandern können. Tierarten wie Schlangen oder Raubkatzen gab es dort einfach nicht und machten Neuseeland zu einem Ort, an dem es quasi kaum Fressfeinde gab. So wenige, dass viele Vögel hier sogar das Fliegen verlernten, wie man am neuseeländischen Nationalvogel, dem Kiwi, sehen kann.

Australien und Neuseeland haben also gemeinsam, dass die jeweilige Tier- und Pflanzenwelt lange Zeit in völliger Isolation entstehen konnte. Nur, dass es in Australien mehr Tierarten gab, was dazu führte, dass es hier so viele **endemische Tiere** gibt wie sonst nirgendwo. 80 Prozent aller australischen Tiere gibt es also wirklich nur hier, in Australien!

Dazu gehören zum Beispiel, neben bekannteren Tieren wie Kängurus und Koalas, auch die **Wombats**. Diese Vierbeiner, die optisch an eine Mischung aus kleinem Bären und großem Meerschweinchen erinnern, gehören ausnahmsweise tatsächlich zur »süßen« Kategorie. Giftstachel oder ähnliches haben Wombats keinen, denn zur Verteidigung strecken sie ihren Feinden einfach ihr gepanzertes Hinterteil entgegen. Lange Zeit gaben sie Wissenschaftlern Rätsel auf, denn die Tierchen hinterlassen würfelförmigen Kot. Über den Grund dafür wurde lange gemutmaßt. Manche Forscher hielten die Meldung über die quadratischen Hinterlassenschaften sogar für einen Aprilscherz. Tatsächlich ist nun aber klar, dass die würfelförmige Form das Wegrollen der Wombat-Exkremente verhindert und man als Tier somit besonders gut seine Reviergrenzen markieren kann. Antreffen lassen sich Wombats in bestimmten Regionen im Osten und Süden des Landes sowie auf Tasmanien. Sie meiden extrem trockene Gebiete und Regenwälder und sind eher im feuchten Buschland zu finden.

FUN FACT

Wombats sind Profis im Tunnelbauen. Ihre unterirdischen Gänge (*warrens*) können über 200 Meter lang sein und werden bei Buschbränden oft von anderen Tieren als Notunterkunft genutzt.

Ein anderes Tier kennen auch die meisten Einheimischen eigentlich nur vom gelborangenen Straßenschild, das warnt: »Achtung, *crossing Cassowaries*«. Bei Reisenden gehen fragend die Augenbrauen hoch. »*Crossing – what?* Also erstens, wie spricht man das, und zweitens, was ist das?« Auf dem Schild sieht der Vogel aus wie ein Emu mit – Krone? Tatsächlich sind die Tiere verwandt und gehören zu der Gruppe flugunfähiger Laufvögel.

Die KÄ-SU-WÄ-RIES heißen im Deutschen Helmkasuar und sind recht schreckhaft und menschenscheu, weshalb man viel Glück braucht, diesen Vogel in freier Wildbahn zu sehen. Unter anderem liegt das auch an der verbleibenden Anzahl der Tiere, denn aktuelle Schätzungen gehen davon aus, dass es nur noch 4.000 bis 5.000 wildlebende Exemplare in Australien gibt. Er gilt damit als bedrohte Tierart, die ausschließlich im tropischen Norden von Queensland zu finden ist.

Tatsächlich gibt es in Australien wahrscheinlich kein anderes Tier, bei dem man so sehr das Gefühl hat, dem direkten Nachfahren eines Dinosauriers gegenüberzustehen. Der *Cassowary* sieht mit seinem leuchtend blauen Hals und dem schwarzen Gefieder deutlich anders aus als sein Verwandter, der Emu, der nur ein unauffälliges braunes Gefieder besitzt. Vor allem sticht einem aber eines sofort ins Auge: der **knöcherige**

Hornkamm auf dem Kopf des Tiers, der ihm ein altes und irgendwie dinosaurierhaftes Aussehen verleiht. Der Kasuar ist zwar scheu, wird aber, wenn er sich bedroht oder in die Ecke gedrängt fühlt, extrem wehrhaft. Obwohl er auf den ersten Blick nicht gefährlich aussieht, will man sich mit seinen dolchartigen Krallen doch lieber nicht anlegen.

Auch das wohl bekannteste Tier in Australien, das **Känguru**, ist mit ganz ähnlichen Waffen ausgestattet und weiß sich damit sehr wohl zu verteidigen. Insgesamt sehen sie niedlich aus, sowohl die Vorder- als auch die Hinterpfoten sind aber mit scharfen Krallen versehen. Der mittlere Zeh der Hinterbeine ist besonders lang und kann gefährlich werden. Kängurus nutzen ihre Krallen vor allem zum Fressen und zur Fellpflege, doch ebenso zur Verteidigung gegen Feinde. Vor allem männliche Exemplare »boxen« tatsächlich um die Rangordnung und um das Paarungsrecht. Ihre besondere Anatomie macht es ihnen außerdem möglich, bei Gefahr schnell zu fliehen oder sich generell sehr schnell fortzubewegen. Mit einem einzigen Satz kann ein Känguru bis zu neun Meter weit springen.

GOOD TO KNOW

Neugeborene Kängurus (*Joeys*) sind bei der Geburt nackt und nur etwa 2,5 cm groß. Sie krabbeln selbstständig in den Beutel der Mutter, wo sie dann weiterwachsen. Sobald sich ein Jungtier im Beutel eingenistet hat, können Känguruweibchen eine weitere Schwangerschaft monatelang vermeiden. Damit können sie sicherstellen, dass ein Kängurubaby erst heranwachsen und den Beutel verlassen kann, bevor das nächste kommt.

Australien ist auch die Heimat von kleinen **Vögeln**, die nicht nur lustige Namen haben, sondern auch Geräusche von sich geben, die wir beim ersten Hinhören eher als Kettensäge, Türklingel oder Alarmanlage kategorisieren würden. Solche Töne kann zum Beispiel der *Lyrebird* (Leierschwanz) perfekt nachahmen.

Bekannter sind aber Vögel wie der *Laughing Kookaburra* (Lachender Hans). Sein Name verrät es schon – sein »Gesang« klingt in unseren

Ohren wie lautes Gelächter. Die *Kookaburras* »lachen« meist nicht alleine, sondern im Chor zusammen mit Artgenossen. Damit markieren sie ihr Revier. *Kookaburras* leben in Eukalyptuswäldern und Parks, und ihr Lebensraum erstreckt sich vom Osten bis in den Südosten Australiens. Obwohl der Vogel nicht im Regenwald anzutreffen ist, wird sein Ruf weltweit in Filmen als »Dschungelgeräusch« verwendet. Auch dann, wenn die Szene gar nicht in Australien spielt.

FUN FACT

Viele australische Vogelnamen klingen in unseren Ohren sehr lustig und so manch einer würde sie vom Klang her weniger in der Tierwelt als viel mehr im Sexshop verorten. So gibt es den *Gang-gang Cockatoo*, den *Spangled Drongo*, den *Willie Wagtail*, den *Hoary-headed Grebe*, den *Flock Bronzewing*, den *Brown Booby* und den *Masked Woodswallow*.

Zusammenfassend lässt sich wahrscheinlich sagen, dass es zur eigenen Sicherheit bei keinem Wildtier in Australien eine gute Idee ist, ihm allzu nahe zu kommen. In der Paarungszeit oder wenn sie sich bedroht fühlen, können vor allem Männchen aggressive Verhaltensweisen zeigen. Respekt vor der Tierwelt ist also sicherlich immer und überall angebracht, aber Angst muss man keine haben, wenn man den Tieren ihre Rückzugsmöglichkeiten lässt.

GEOGRAFIE & NATUR

11

Könnt ihr uns bitte erklären, warum eure Spinnen so groß wie Teller sind?

FÜR AUSTRALIER IST DIE DORT WEIT VERBREITETE *HUNTSMAN SPIDER* WEDER GRUND ZUR SORGE NOCH ANLASS ZUR PANIK. AUCH WENN SIE IN WOHNUNGEN NICHT UNBEDINGT EIN GERNGESEHENER GAST IST, GILT SIE DOCH EHER ALS PRAKTISCHER HAUSBEGLEITER, DER DIE ANZAHL DER KAKERLAKEN IN SCHACH HÄLT.

Wenn bei uns eine kleine Spinne auf dem Schreibtisch entlang krabbelt, sind wir es gewohnt, einfach ein Glas zu holen, sie darunter zu fangen und schließlich wohlbehalten im Garten auszusetzen. Nur blöd, wenn diese Angewohnheit in Australien einfach nicht mehr klappt, denn hier sind viele Spinnen, denen man in der Wohnung über den Weg läuft, so groß wie eine ganze Hand.

Ein weit verbreitetes Exemplar in Australien ist die große *Huntsman Spider*, deren Beine allein bis zu 15 cm lang sein können. Wie der Name schon sagt, ist dieses Tierchen ein Jäger und baut deshalb im Gegensatz zu vielen anderen Spinnenarten kein Netz. Sie ist vor allem nachts unterwegs und verlässt sich beim Beutefang auf ihre Schnelligkeit und ihre Tarnung. Beute sind typischerweise Insekten wie Kakerlaken, Motten oder Käfer, womit sie zur natürlichen **Schädlingskontrolle** beiträgt. Bei Australiern gilt sie deshalb oft als nützlicher Mitbewohner, der, solange er es sich nicht im Bett gemütlich gemacht hat, nicht ungern gesehen ist. Tagsüber sieht man die *Huntsman* generell eher selten, dafür aber abends häufig an Hauswänden oder Decken.

Für Menschen sieht sie durch ihre Größe im ersten Moment furchteinflößend aus, ist jedoch absolut ungefährlich. Sie beißt nur, wenn sie sich bedroht fühlt und es keinen Fluchtweg gibt, wobei der Biss dann am ehesten mit einem Bienenstich vergleichbar ist.

Die *Huntsman Spider* ist in ganz Australien verbreitet und lebt in freier Wildbahn normalerweise unter losen Baumrinden, in Felsspalten oder unter Steinen. In städtischen Gebieten macht sie es sich gerne in dunklen Ecken wie dem Gartenhäuschen oder auch dem herumstehenden Auto bequem. Verirrt sie sich aus Versehen sogar einmal in die Fahrgastzelle des Fahrzeugs, gibt es vor allem einen Platz, den sie besonders gerne mag. Ein Ort, der meist nicht besonders viel Raum bietet, aber in den Augen einer Spinne vielleicht einfach einer Felsspalte sehr ähnelt: die Sonnenblende.

Es ist tatsächlich keine Seltenheit, dass Australier an einem sonnigen Sonntagmorgen gemütlich zu einem *road trip* aufbrechen und ihnen beim Herunterklappen der Sonnenblende eine *Huntsman* direkt in den Schoß fällt. Da bekommen selbst hartgesottene Leute einen kleinen Adrenalinschub.

FUN FACT

Huntsman-Spinnen können fehlende Beine einfach nachwachsen lassen.

Bei solchen Geschichten ist es irgendwie kein Wunder, dass Australier bei einem Besuch in Deutschland nur milde lächeln, wenn jemand eine winzige Hausspinne entdeckt und panisch nach dem nächsten Glas greift. In solchen Situationen zitieren sie gerne den weltbekannten Spruch aus dem australischen Film *Crocodile Dundee*. In dem Film wird der australische Buschmann Mick Dundee in New York von einem Straßenräuber mit einem kleinen Taschenmesser bedroht. Seine amerikanische Begleiterin bittet ihn, dem Mann einfach das Geld zu geben. Stattdessen zieht der Australier ein riesiges Buschmesser aus der Tasche und antwortet mit größter Gelassenheit: »*Mate, that's not a knife. THIS is a knife!*«

Diese Szene ist weltweit berühmt geworden und wurde seither vielfach zitiert oder parodiert. Sie steht heutzutage quasi als Synonym für australische Coolness. Der Spruch wird deshalb oft humorvoll verwendet, wenn Australier vor allem in fremden Ländern auf etwas treffen, das dort als »groß« oder »gefährlich« gilt. Und so bekommt man von *Aussies* in Deutschland öfter mal zu hören: »*Mate, that's not a spider. THIS is a spider!*«, während das Handy gezückt und einem das Foto einer *Huntsman Spider* ins Gesicht gehalten wird.

Eigentlich gibt es in ganz Australien aber nur eine einzige Spinne, vor der man sich wirklich in Acht nehmen muss: die *Sydney Funnelweb Spider* (Trichternetzspinne). Wie der Name schon sagt, kommt sie ausschließlich in und um Sydney vor und baut Netze mit trichterförmigem Eingang. Sie ist eine der giftigsten Spinnen der Welt. Vor allem das Gift der Männchen enthält ein starkes Neurotoxin, das besonders für das menschliche Nervensystem gefährlich ist. Tiere wie Hunde oder Katzen reagieren darauf weniger empfindlich und sind damit auch nicht so gefährdet. Seit der Entwicklung eines Gegengifts im Jahr 1980 gab es aber keine menschlichen Todesfälle mehr. Die Gefahr ist dank moderner Medizin also so gut wie gebannt – auch wenn man es vielleicht nicht unbedingt drauf anlegen sollte.

GOOD TO KNOW

Auf ihrer Wanderschaft während der Partnersuche kann es passieren, dass männliche *Funnelweb*-Spinnen in Swimmingpools oder Regentonnen fallen. Dann hilft ihnen ihr dichter Pelz aus feinen Härchen, an dem sich eine dünne Luftschicht hält. Sie wirkt wie ein Mini-Tauchanzug und ermöglicht es den Spinnen, den Sauerstoff aus der Luftblase zu nutzen. Das hat zur Folge, dass *Funnelweb*-Männchen bis zu 24 Stunden unter Wasser überleben können.

12

Wieso landen Flugzeuge bei euch einfach auf dem **Highway**?

DIE *FLYING DOCTORS* NUTZEN BESTIMMTE STRASSENABSCHNITTE IM OUTBACK, UM MIT IHREM FLUGZEUG LANDEN UND BEI MEDIZINISCHEN NOTFÄLLEN HELFEN ZU KÖNNEN.

Für Menschen, die im australischen Outback wohnen, ist das nächstgelegene Krankenhaus oft mehrere hundert Kilometer entfernt. Viel zu weit, um in einem medizinischen Notfall schnell Hilfe erhalten zu können. Deshalb rufen die Australier hier nicht den Krankenwagen, sondern den »*Royal Flying Doctor Service*«. Das sind Ärzte, die mit einem Propellerflugzeug in die abgelegenen Gebiete kommen, um Hilfe zu leisten.

Da die Flugzeuge aber nicht einfach so irgendwo im Busch landen können und der Bau von vielen kleinen Flughäfen, die nur selten genutzt werden, viel zu teuer wäre, hat sich Australien dazu entschieden, einfach die bereits vorhandenen Straßen zu nutzen. Als Autofahrer muss man aufpassen, denn einige schnurgerade Straßenabschnitte sind damit nicht nur Fahrbahn, sondern auch Landebahn. Hier kann es also tatsächlich vorkommen, dass man mit einem startenden oder landenden **Kleinflugzeug** konfrontiert wird.

Australier weisen auf diesen Umstand aber nicht mit blinkenden Ampeln oder Ähnlichem hin, die anzeigen könnten, dass sich ein Flugzeug nähert, sondern setzen einfach ihre Allzweckwaffe ein: Schilder. Ein trockenes »*Watch for Aircraft*« macht darauf aufmerksam, doch bitte den Blick hin und wieder mal gen Himmel wandern zu lassen.

Während bei uns in Deutschland ein landendes Flugzeug auf der Autobahn Schlagzeilen für mindestens ein halbes Jahr produzieren würde, ist das in Australien völlig normal. Der typische Outback-Bewohner wird in solch einer Situation nicht panisch, sondern fährt gelassen an den Straßenrand, lässt das Fenster herunter und dem Flugzeug die Vorfahrt. Vielleicht ist das Ganze tatsächlich am ehesten vergleichbar mit unserer Rettungsgasse auf der Autobahn.

Statt sich aufzuregen, dass man als Autofahrer nun Zeit verliert, nutzt ein Australier die Pause, um den Piloten lässig mit der Hand zu grüßen

(»*How ya doin'?*«) und bei der Gelegenheit auch gleich eine kleine, gemütliche Raucherpause (*smoko*) einzulegen. Für uns Deutsche, die im Straßenverkehr meist Hektik und Ungeduld erleben, ist das vielleicht geradezu DIE Definition von Lässigkeit.

Eine dieser provisorischen **Notfall-Landebahnen** lässt sich auf einem Straßenabschnitt auf der Nullarbor-Ebene finden. Dieses Gebiet ganz im Süden Australiens umfasst etwa 200.000 Quadratkilometer und misst an der breitesten Stelle 1.100 Kilometer. Es erstreckt sich entlang der Südküste und von dort aus ins Landesinnere. Der Name ist hier Programm, denn »Nullarbor« ist lateinisch und bedeutet »keine Bäume«. Dementsprechend ist die Landschaft karg und leer und erinnert an eine buschige Wüste mit rotem Sand. Die Vegetation besteht aus etwas, das wir wahrscheinlich als Gestrüpp bezeichnen würden, und der Boden ist übersät mit vielen kleinen, trockenen runden Büschchen. Die Sonne brennt meist vom strahlend blauen Himmel herunter, und man kann die Augen kilometerweit über die flache Landschaft schweifen lassen. Es ist ein Gebiet mit extrem wenig Niederschlag. Passend dazu befindet sich in der Nullarbor-Ebene auch das Fleckchen Erde, das sich »der trockenste Ort Australiens« nennen darf.

Nicht überraschend gibt es in dieser Gegend für unsere Verhältnisse relativ wenig Verkehr, der durchlaufende Highway ist aber die Hauptverbindung zwischen Perth ganz im Westen und Adelaide an der Südküste. Trucker fahren hier mit ihren LKWs ihre Waren von A nach B, und auch der ein oder andere Australier nutzt diese Strecke, um zum Beispiel Familienangehörige zu besuchen.

Man würde nun vielleicht meinen, wo nichts ist, kann auch nicht viel passieren, aber im Hinterland gibt es zahlreiche Gebiete, auf denen ganze Känguru-Rudel leben. Die Tiere werden oft in ihrer Geschwindigkeit und Wendigkeit unterschätzt und stellen für Autofahrer in Australien ein echtes Unfallrisiko dar. Die »erhüpfte« Höchstgeschwindigkeit eines Kängurus wurde einmal mit 55 Stundenkilometer gemessen. So kann es passieren, dass Autofahrern trotz guter Sicht plötzlich ein Känguru vor das Fahrzeug springt.

Ein Mann aus Adelaide berichtete, dass ihm genau das passiert ist, als er sich mit seinem Auto auf dem Rückweg von einem Familienbesuch in Perth befand: »Es ging alles so schnell. Ich weiß eigentlich nur noch, dass ich ausweichen wollte und dann hat sich mein Auto auch schon überschlagen. Irgendwann bin ich zu mir gekommen und habe gemerkt, dass ich eingeklemmt bin und mich nicht aus meinem Fahrzeug befreien kann. Ich hatte riesiges Glück, dass ein Lastwagenfahrer über sein Satellitentelefon Hilfe rufen konnte und diese dann auch recht schnell vor Ort war. Ich denke, das hat mir das Leben gerettet.«

Die *Flying Doctors* konnten den Mann aus seinem Fahrzeug bergen und flogen ihn ins über 1.000 Kilometer entfernte Krankenhaus in Adelaide.

Seine Rechnung für diesen lebensrettenden Service? Null Australische Dollar (AUD), denn der *Royal Flying Doctor Service* wird seit den 1930er-Jahren zum Großteil **staatlich finanziert**. Für eine vollständige Finanzierung ist der Dienst aber auch auf Spenden angewiesen, weshalb zusätzlich regelmäßige Fundraising-Events und -Kampagnen veranstaltet werden. Die *Flying Doctors* leben außerdem von der Unterstützung durch Freiwillige und Unternehmen, die mit Sachspenden oder einfach ihrer Zeit helfen.

Es ist ein schönes Beispiel dafür, wie sich Australier in Notsituationen immer gegenseitig unter die Arme greifen. Vielleicht einer der schönsten australischen Charakterzüge.

GOOD TO KNOW

Die *Flying Doctors* sind nicht nur bei Notfällen unterwegs, sondern bieten abgelegenen Gemeinden auch regelmäßige ärztliche Termine für Zahnarztbesuche, Impfungen und sonstige Gesundheitschecks an. Der Gründer der Organisation, John Flynn, ist auf dem australischen 20-Dollar-Schein verewigt.

WOHNEN & INFRASTRUKTUR

13

Hattet ihr zu viel Geld übrig, oder wieso stehen bei euch Straßenschilder mit Quiz-Fragen?

DIE ENDLOSEN GERADEN STRASSEN IM OUTBACK VERLEITEN VIELE FAHRER ZUM GEFÄHRLICHEN SEKUNDENSCHLAF. UM DIE *ROAD SAFETY* ZU VERBESSERN, HAT SICH AUSTRALIEN STRASSENSCHILDER MIT QUIZFRAGEN AUSGEDACHT.

Das australische Outback beherbergt die längsten und geradesten Straßen der Welt. Sie wirken oft wie mit dem Lineal gezogen, und wenn man mal ehrlich ist, dann sind sie das wahrscheinlich auch. Denn als die ersten »mobilen« Australier die Straßen für den Automobilverkehr auf dem Reißbrett geplant haben, wurden einfache Mittel dafür benutzt.

Deutsche Autobahnen hingegen verlaufen nicht immer ganz so gerade, und hier ist man Tankstellen in regelmäßigen Abständen von 20, 30 oder im Maximalfall vielleicht 50 Kilometern gewohnt. Bei Letzterem löst diese Information bei manchen von uns schon ein nervöses Schalten in den fünften Gang und das Ausschalten der Klimaanlage aus.

Was **Straßenlängen** betrifft, hat Australien völlig andere Maßstäbe. Sobald man dort die nächstgrößere Stadt verlässt und ins Outback abbiegt, lässt das erste Schild verlauten: »*Next fuel station 200 kilometers*«.

Ja gut – da wirft man dann doch mal einen prüfenden Blick auf die Tanknadel. Zumindest, wenn man kein Australier ist, denn der fährt sowieso nur mit seinem *fourwheel drive* (Geländewagen) ins australische Hinterland, und dieser ist dann nicht nur mit zwei Ersatzreifen, sondern auch mit mindestens zwei vollen Reservekanistern Benzin ausgestattet. *Aussies* sind in dieser Hinsicht wahrlich keine Anfänger. Was das Fahren von langen Strecken mit dem Auto betrifft, macht ihnen so schnell niemand etwas vor.

Einen Beweis dafür sieht man auf den **Kilometerzählern**, wenn man sich auf dem Gebrauchtwagenmarkt umsieht. So würde ein Australier ein Auto mit 80.000 Kilometern wohl als »Der ist mir noch nicht richtig eingefahren« bezeichnen, einen Wagen mit 120.000 Kilometern als »Schmuckstück, das sich im ersten Frühling befindet«, und ein Auto mit 160.000 Kilometern mit dem Kommentar »Sehr gut, der ist noch fast neu« kaufen.

Auf einen Trip durchs Outback bereiten sich Australier vor, indem sie sich jede Menge Podcasts und Musik aufs Handy runterladen. Denn sie wissen: Die Fahrt wird lang, öde und Internet wird es auch keines geben. Wenn man dort aber noch nie unterwegs war und als Tourist das erste Mal in Australien auf Tour geht, sind die ersten Kilometer spannend und man ist vom wilden Hinterland mit seinen roten Böden und wilden Büschen erst einmal fasziniert. Auch das ikonische Bild, für das man sich mit weit ausgebreiteten Armen mitten auf den gelben Fahrbahnstreifen stellt, darf nicht fehlen.

Nach einer Weile hat man sich aber an die Umgebung gewöhnt. Die Natur bleibt eintönig, und so gibt es für Autofahrer nicht viel, an dem sich das Auge lange festhalten kann. Man neigt während dem Fahren dazu, seinen Gedanken nachzuhängen und die endlose Weite des Landes einfach in sich aufzunehmen. Die karge Landschaft wird dann auf langen Fahrten zur mentalen Herausforderung und die Gefahr, in den **Sekundenschlaf** abzudriften, steigt. Charmante Hinweise entlang der Straße weisen auf die Gefahr hin. Von »*Feeling drowsy? Do something about it!*« über »*Rest or R.I.P*« bis hin zu »*Stay alert, stay alive*« und »*Tired drivers die*« ist alles dabei. In anderen Gebieten wird bereits gezählt, und an einem Schild steht »*49 fatigue accidents last 5 years and counting*«, wobei die Zahl 49 als austauschbare Zahl aufgeklebt ist.

Anderorts wird Australien kreativer. So gibt es auch mehrere Schilder, die aufeinander aufbauen und mit »*Are we there yet?*« oder »*How long to go, mum?*« anfangen und einige Kilometer später mit einem weiteren Schild antworten: »*Still a long way to go, kids!*«.

Tatsächlich ist Sekundenschlaf die Hauptursache für Unfälle im Outback, wie ein australischer Polizist berichtet: »Bei uns gibt es im Hinterland kaum klassische Verkehrskontrollen. Man kann sich als Autofahrer zwar an der nächsten Raststätte einen Kaffee holen, allerdings sind die Raststopps teils mehrere Fahrstunden voneinander entfernt. Das heißt, dass man sich für manche Straßenabschnitte eigentlich gleich noch vier weitere Kaffees zum Mitnehmen holen müsste, um für die lange Strecke versorgt zu sein.«

Dann fügt er mit einem Lächeln hinzu: »Aber dafür gibt es ja leider nicht genügend *cup holder* im Auto. Also mussten wir uns hier in Australien noch ein paar andere Sachen überlegen, wie man Autofahrer während einer langen Reise wachhalten kann. Und da hielt die australische Regierung **Trivia-Schilder** für ganz passend.« Beim letzten Satz ist man sich nicht ganz sicher, ob er das jetzt ironisch meint oder nicht.

Grundsätzlich stimmt die Aussage aber, denn auf einigen besonders eintönigen Straßenabschnitten, sogenannten »*Fatigue Zones*« (Müdigkeitsgefahrenzonen), wurden Straßenschilder mit dem Vorschlag »*Keep playing Trivia – it may save your life*« aufgestellt. Das Konzept: Erst kommt das Schild mit der Quiz-Frage und einige Kilometer weiter folgt dann ein weiteres Schild mit der Auflösung. Wer die Antwort wissen will, muss also aufmerksam bleiben.

So werden zum Beispiel Fragen gestellt wie:

»Wie nennt man einen jungen Ameisenigel«? – »Puggle«.

»Wie viele Jahre würde es dauern, alle australischen Strände zu sehen?« – »Über 27 Jahre. Australien hat mehr als 10.000 Strände.«

»Wie nennt man ein unschlüssiges Insekt?« – »*A Maybe.*« Ein Wortspiel aus *maybe* (vielleicht) und *bee* (Biene).

Zwar ist es wissenschaftlich nicht eindeutig belegt, dass die Trivia-Methode tatsächlich die Verkehrssicherheit erhöht und Unfälle verhindert, aber immerhin sorgt es bei den meisten Fahrern für ein Schmunzeln. O. k., der Überraschungseffekt dürfte bei Leuten, die eine Strecke bereits mehrmals gefahren sind, wahrscheinlich ausbleiben, aber eines ist sicher: Wenn es jemals einen Preis für den kreativsten Einsatz von Steuergeldern gibt, dann ist Australien mit diesem Konzept mindestens in den Top Ten.

14

Wisst ihr, dass der deutsche TÜV beim Wörtchen »**road trains**« Schweißausbrüche bekommt?

DA DIE STRECKEN IN AUSTRALIEN RIESIG SIND, WURDE VERSUCHT, DIE LADE- UND BEFÖRDERUNGSKAPAZITÄTEN VON LKWS ZU MAXIMIEREN. DESHALB FAHREN DORT LASTWAGEN-KOLOSSE MIT BIS ZU VIER ANHÄNGERN, DIE DANK IHRER LÄNGE »*ROAD TRAINS*« GENANNT WERDEN.

Im Straßenverkehr sind wir als Deutsche an klare Vorschriften gewöhnt. LKWs über 18,75 Meter? Nur mit Sondergenehmigung. Doch wer zum ersten Mal in Australien auf einem Highway unterwegs ist, staunt nicht schlecht: Hier begegnet man Fahrzeugen, die in Deutschland eher in die Kategorie »**Schwertransport** mit Polizeibegleitung« fallen würden, sogenannte *road trains*.

Ein einziger dieser überdimensionierten Riesen-LKWs besteht in der Regel aus einem Sattelschlepper und bis zu vier voll beladenen Anhängern. Solche Transportfahrzeuge dürfen dann im Northern Territory oder in Western Australia ein Gesamtgewicht von bis zu 155 Tonnen haben. Die maximale gesetzlich erlaubte Gesamtlänge beträgt in manchen Bundesstaaten bis zu **53,5 Meter**. Das ist in etwa so lang wie ein halbes Fußballfeld oder die 1,5-fache Länge eines Airbus A320, der nur rund 37 Meter lang ist.

Mit diesen Kolossen versucht Australien, die in vielen Gebieten fehlende Zuginfrastruktur auszugleichen. Um Handelsware über die langen Transportwege durchs Landesinnere von A nach B zu bringen, hat sich das Land dafür entschieden, die »normalen« LKWs einfach etwas größer zu gestalten. Je mehr Waren mit einer Fuhre transportiert werden können, umso besser, denn dadurch sinkt natürlich auch der Preis pro Transportgut.

Typische Fahrtstrecken verlaufen oft quer durch das Land, meist von Küste zu Küste, entweder von Süd nach Nord oder Ost nach West. Solche Strecken sind (*one way*) gern 1.500 bis 3.000 Kilometer lang. Die LKW-Fahrer zieren ihre Trucks oft mit liebevollen Namen wie »*Dust*

Devil« oder »*Desert Ghost*«, die in leuchtender Schrift an der Windschutzscheibe angebracht sind. Der Beruf ist nichts für schwache Nerven, denn Funklöcher machen es nicht einfach, Hilfe bei einer Panne zu bekommen, und die nächste Werkstatt ist auch durchaus mal 800 Kilometer entfernt. Als *road train* Fahrer ist man gleichzeitig auch Mechaniker und Notfallmanager. Gefahren wird immer, egal ob es über 40 Grad im Schatten hat oder stark regnet. Meist geht es durch rote, staubige Wüstengebiete oder über Straßen, die stellenweise eher Schotterpiste als Highway sind.

Die meist unbefestigten Straßen im Outback machen die Fahrten zusätzlich nicht gerade ungefährlich. Der normale **Bremsweg**, der durch das Gewicht der Fahrzeuge sowieso schon bei 200 bis 300 Metern liegt, wird dadurch noch weiter erhöht. Selbst bei Notbremsungen kann ein *road train* also, selbst wenn er wollte, nicht schnell anhalten, und auch schnelles Ausweichen ist aufgrund der Kippgefahr für die Anhänger nicht möglich.

Aus deutscher Sicht also an dieser Stelle schon eine Absurdität. Wäre hier der deutsche TÜV unterwegs, wären einige Fahrzeugscheine schneller einkassiert als ein Australier »*G'day*« sagen kann. So aber lautet die australische Antwort auf die Frage: »Wie lange ist denn der Bremsweg für dieses Fahrzeug?« einfach nur: »*Mate* – wenn der *road train* bremst, ist entweder etwas richtig schiefgelaufen oder er ist angekommen.«

Tatsächlich steht den LKWs der lange Bremsweg wie ins Gesicht geschrieben, denn fast alle sind mit zusätzlichen Scheinwerfern (»Achtung, hier komme ich«) und robusten Bullenfängern (*roo bars*) an der Front ausgestattet. Der Begriff »*roo bar*« stammt übrigens von *kangaroo*, da diese Tiere leider besonders häufig mit Fahrzeugen kollidieren. Sie sind zwar nicht groß genug, um einen Truck zum Stoppen zu bringen, können aber massive Schäden verursachen. Hier geht es auch darum, den Fahrer zu schützen, denn in abgelegenen Regionen kann eine Panne lebensbedrohlich sein. In manchen Gebieten gibt es eine so große Dichte an Kängurus, die vor allem in der Dämmerung auf die Straße hüpfen, dass viele Fahrer gezielt zu anderen Uhrzeiten fahren, um Kollisionen zu vermeiden.

Bei all dem würde man nun eigentlich glauben, dass die Fahrer solcher Gefährte besonders vorsichtig oder mit besonders großem Sicherheitsabstand fahren. Wer einmal im Outback unterwegs war, weiß aber: Das ist oft nicht der Fall. Auch vor Überholmanövern machen viele Fahrer nicht halt. Auf Platz eins der Dinge, die man in seinem Auto im Outback sicherlich niemals erleben will (aber hin und wieder zu sehen bekommt): ein *road train*, der einen anderen *road train* überholt. Und man selbst fährt nicht hinter den beiden, sondern direkt darauf zu.

Wer in Australien unterwegs ist, lernt auf jeden Fall schnell: *Road trains* haben immer Vorrang. Selbst dann, wenn sie eigentlich keinen Vorrang haben.

GOOD TO KNOW

Road trains dürfen nur auf bestimmten Strecken fahren. An den Stadträndern gibt es spezielle Umschlagplätze, auf denen die Anhänger auf kleinere LKWs verteilt werden.

WOHNEN & INFRASTRUKTUR

15

Wieso dürft ihr selbst auf schnurgeraden Straßen maximal 100 km/h fahren?

IM OUTBACK SIND VIELE STRASSEN IN SCHLECHTEM ZUSTAND UND WERDEN NICHT REGELMÄSSIG AUSGEBESSERT. HINZU KOMMEN WILDTIERE AUF DER FAHRBAHN UND LANGE FAHRTWEGE. DAS ALLGEMEINE TEMPOLIMIT DIENT VOR ALLEM DER SICHERHEIT – AUCH WENN ES AUF DEN ERSTEN BLICK ÜBERVORSICHTIG WIRKT.

Kaum ein verkehrspolitisches Thema wird in Deutschland so emotional diskutiert wie die Frage, ob auf deutschen Autobahnen ein generelles Tempolimit eingeführt werden sollte. Bis heute gehört Deutschland zu den wenigen Ländern weltweit, auf dessen Autobahnabschnitten man teilweise unbegrenzt schnell fahren darf.

In Australien sieht es hingegen ganz anders aus, denn im Outback gilt trotz gerader Straßen, wenig Verkehr und meist guter Sicht fast überall **maximal Tempo 100**. In einigen Bundesstaaten wie dem Northern Territory sind auf bestimmten Highways auch bis zu 130 km/h erlaubt, doch das ist eher die Ausnahme als die Regel.

Generell muss man direkt dazusagen, dass australische Highways nicht mit unseren Deluxe-Autobahnen gleichgesetzt werden können, auf denen es alles gibt, was man sich nur wünschen kann: Leitplanken, damit man nicht vom Gegenverkehr geblendet wird, sehr gut gepflegte Straßen ohne Schlaglöcher und Notrufsäulen in regelmäßigen Abständen. Wenn man in Australien eine Straße als »**Highway**« beschreibt, bedeutet das meist lediglich zweierlei:

1. Es handelt sich um eine geteerte Straße.
2. Es sind sichtbare Fahrbahnmarkierungen darauf vorhanden.

Ausnahmen bestätigen aber auch hier die Regel, und so gibt es teils auch Highways, die noch nicht einmal asphaltiert sind. Nur in Großstädten und direkter Umgebung gibt es überhaupt mehrere Fahrspuren nebeneinander. Die Highways im Outback haben genau zwei Fahrstreifen, eine in jede Richtung. Sie sind also eher mit unseren Landstraßen vergleichbar.

Die schiere Größe des australischen Straßennetzes macht es außerdem so gut wie unmöglich, alle Fahrbahnen immer perfekt in Schuss zu halten. Durch **Wind und Wetter**, vor allem die extreme Hitze und sturzflutartige Regenfälle, werden die Beläge schneller marode als bei uns. An viel befahrenen Abschnitten werden Reparaturen meist schnell durchgeführt, aber es gibt unzählige Stellen im Hinterland, wo sich der Verkehr sehr in Grenzen hält und es Monate dauern kann, bis sich ein Baustellentrupp auch nur in die Nähe verirrt.

Und jetzt versuchen Sie mal, bei Tempo 160 auf einer Straße, die bereits mehrfach ausgebessert wurde und viele Teereinschlüsse in verschiedenen Grau- und Schwarztönen enthält, ein **Schlagloch** (*pothole*) zu erkennen und dann auch noch rechtzeitig auszuweichen. Das ist lebensgefährlich und genau der Grund, warum das Geschwindigkeitslimit auf 100 km/h gesetzt wurde.

Wenn es eine Sache gibt, bei der die australische Polizei wirklich gar keinen Spaß versteht, dann ist es *speeding* (zu schnell fahren). Ähnlich wie in der Schweiz kann es hier schnell richtig teuer werden. Auch oder gerade bei reisenden Backpackern zeigen Polizisten selten Gnade und der Strafzettel wird trotzdem ausgestellt. Das System funktioniert dabei grundlegend ähnlich wie bei uns, denn auch in Australien kann man als Autofahrer (Straf-) Punkte sammeln. In den meisten Bundesstaaten gilt: Zwölf Punkte sind innerhalb von drei Jahren erlaubt, ab dem 13. droht der Führerscheinentzug. Eine Ausnahme bildet New South Wales, wo man insgesamt 13 Punkte sammeln darf und erst ab dem 14. seine Fahrerlaubnis los ist. Jeder gesammelte Punkt bleibt drei Jahre lang »aktiv« und verfällt danach automatisch.

Im Juli 2025 wurden die australischen Bußgelder vereinheitlicht, sodass jetzt gilt:

- 1–10 km/h zu schnell: bis zu 300 Dollar und ein Punkt
- 10–20 km/h zu schnell: bis zu 580 Dollar und 2–3 Punkte
- 20–30 km/h zu schnell: bis zu 650 Dollar und 3–4 Punkte
- 30–40 km/h zu schnell: bis zu 1.600 Dollar und 4–6 Punkte plus Fahrverbot

- über 40 km/h zu schnell: bis 2.600 Dollar und 6–8 Punkte plus Fahrverbot

Ach ja – und an Feiertagen werden die Strafen und Punkte einfach verdoppelt.

Wer auf schnelles Fahren in Australien nicht verzichten will, kann das auf speziell dafür ausgelegten Strecken machen. *The Bend Motorsport Park* in Südaustralien wird beispielsweise oft als »**Australiens Nürburgring**« bezeichnet. Mit 7,7 Kilometern ist es die längste (permanente) Rennstrecke in *Down Under*. Dort gibt es regelmäßige »*Open Track Days*«, an denen man als Privatperson mit dem eigenen Auto teilnehmen darf. Geschwindigkeitsbegrenzungen gibt es dort keine, es müssen aber Sicherheitsregeln beim Fahren eingehalten werden. Auf dieser Strecke darf sich dann auch ganz offiziell alles ums sportliche Fahren drehen.

Auf den restlichen »normalen« Straßen in Australien lautet die Devise aber nicht »Wie komme ich möglichst schnell an?«, sondern »Wie komme ich heil an?« Als deutscher Tourist denkt man sich Letzteres vor allem dann, wenn man die Fahrfähigkeiten der Australier bei Regen oder Schnee beobachtet.

FUN FACT

Die australischen Straßenregeln besagen, dass sich sowohl von Fahrer als auch Beifahrer zu keiner Zeit Körperteile außerhalb des Fahrzeugs befinden dürfen. Ein nettes aus dem Fenster winken kann hier schnell mit bis zu 349 Dollar und drei Punkten bestraft werden. Im Bundesstaat Victoria bekam ein Mann beispielsweise einen Strafzettel über 185 Dollar, weil er seinen Ellenbogen in der offenen Fensteröffnung abgelegt hatte.

16

Ihr nehmt »**Down Under**« beim Straßenverkehr ganz schön wörtlich, oder?

IN AUSTRALIEN HERRSCHT LINKSVERKEHR – EIN ERBE DER BRITISCHEN KOLONIALZEIT.

Viele Touristen müssen direkt bei der Ankunft am australischen Flughafen umdenken. Der Fahrersitz des Leihwagens ist rechts, geblinkt wird links, und auch im Kreisverkehr (*roundabout*) geht's im Uhrzeigersinn.

Die britische Besiedelung in der Kolonialzeit führte dazu, dass man sich auch bei den Verkehrsregeln an **Großbritannien** orientierte, in dem ebenfalls **Linksverkehr** Standard ist. Diese Eigenheit wiederum geht mutmaßlich zurück bis ins 18. Jahrhundert. Zu dieser Zeit bevorzugten es die Reiter in der Gegend, auf der linken Seite zu reiten, um die rechte Schwerthand für eventuelle Auseinandersetzungen freizuhaben.

Generell gewöhnt man sich als Fahrer in Australien recht schnell an den Linksverkehr, nur bei ein paar Eigenheiten muss man aufpassen.

So gilt nämlich, obwohl man auf der linken Seite der Straße fährt, auf Kreuzungen ohne Ampeln nicht »links vor rechts«, wie man es vielleicht vermuten würde. Stattdessen ist die Regel hier, genau wie bei uns, »rechts vor links«.

In Melbourne gibt es noch eine weitere Besonderheit: den *hook turn*. Dieser ganz spezielle Mechanismus zum Rechtsabbiegen führt nicht nur bei Touristen aus aller Welt zu fragenden Gesichtern. Eigentlich geben auch alle Australier, die nicht in Melbourne oder Umgebung wohnen, gerne zu: »Wir haben keinen blassen Schimmer, wie das funktioniert.« Der *hook turn* kommt immer dann zum Einsatz, wenn in der Mitte zwischen zwei Fahrbahnen die Trambahnschienen verlaufen. Verkehrsschilder mit der Aufschrift »*Right turn from left only*« weisen auf den speziellen Abbiegevorgang hin und zeichnen außerdem die Fahrroute auf, die genommen werden muss. Diese erinnert von der Form her an eine Art Haken (*hook*), woher auch der Name kommt. Beim Abbiegen ordnen sich die Autos zuerst ganz links ein, um die Trambahnschienen freizuhalten. Währenddessen wird aber nach rechts geblinkt. Fahren darf man erst, wenn der Verkehr, der von links kommt, grün hat. Wem jetzt jegliche Vorstellungskraft fehlt, wie das funktionieren soll, der ist damit immerhin – wie oben erwähnt – nicht alleine.

WOHNEN & INFRASTRUKTUR

17

Nutzt ihr manche Strände wirklich als Straßen?

DER STRAND ERSETZT IN ABGELEGENEN REGIONEN DIE FEHLENDE INFRASTRUKTUR. ERLAUBT IST DAS FAHREN ABER MEIST NUR MIT ALLRADFAHRZEUGEN UND BEI EBBE.

In einigen Regionen werden bestimmte Strandabschnitte zu offiziellen Straßen umfunktioniert. An der Zufahrt befindet sich meistens eine Übersicht mit allen Regeln inklusive geltender Tempolimits. Oft sind das nur relativ kurze Abschnitte, die fürs Offroad-Fahren freigegeben sind oder um Boote ins Wasser zu lassen.

Es gibt aber auch Orte, an denen es so gut wie keine befestigten Straßen gibt und wo der Strand als einzige sinnvolle Fahrroute verbleibt. So zum Beispiel auf **Fraser Island**, der größten Sandinsel der Welt, die an der Ostküste etwas nördlich von Brisbane liegt. Sie wird seit 2023 wieder offiziell unter dem indigenen Namen *K'gari* geführt, der aus der Sprache der *Butchulla People* kommt und »Paradies« bedeutet. Neben hohen Dünen finden sich auf der Insel Süßwasserseen und sogar Regenwälder, die direkt auf dem sandigen Untergrund wachsen. Einige Teile sind Vogelbrutgebiete, und auch Schildkröten bauen hier ihre Nester. Das alles macht diesen Ort einzigartig, weshalb er zum UNESCO-Weltnaturerbe zählt.

K'gari ist weitgehend naturbelassen, man kann die Insel in bestimmten Gebieten aber auch mit dem Auto erkunden. Durchs Innere winden sich **sandige Waldwege**, auf denen man mit einem normalen Auto augenblicklich stecken bleiben würde. Man darf dort deshalb grundsätzlich nur Fahrzeuge mit Allradantrieb fahren. Die berühmteste Strecke ist der **75 Mile Beach** – ein Strandabschnitt, der sich mit seinen 120 Kilometern fast über die gesamte Länge der Insel erstreckt. Er wird als Highway genutzt, da er die einzig durchgehend »glatte« Strecke in der Gegend ist und somit die beste Möglichkeit bietet, auf der Insel von A nach B zu kommen. Die Route ist bei Touristen sehr beliebt, da man an Schiffwracks, interessanten Felsformationen und *campsites* vorbeikommt. Zwischen Juli und November lassen sich außerdem Buckelwale beobachten. Alles in allem also einer der schönsten Highways der Welt.

18

Wieso bezahlt ihr Leute dafür, an Baustellen als lebendige Ampel zu fungieren?

IN AUSTRALIEN IST DER »*TRAFFIC CONTROLLER*« EIN ANERKANNTER BERUF MIT SICHERHEITSAUSBILDUNG UND ZERTIFIZIERUNGEN, DER DEN VERKEHR REGELT.

An einer australischen Baustelle stehen meist zwei Menschen an den jeweiligen Enden mit einem großen Schild in der Hand: Auf der einen Seite steht *STOP*, auf der anderen *SLOW*. Mithilfe von Walkie-Talkies stimmen sie sich ab, wer fahren darf, und drehen dann das Schild auf die entsprechende Seite. Sie sind also eine Art »**lebendige Ampel**«.

Berufe, die manchmal bei uns ein wenig abfällig als »Baustellenarbeit« bezeichnet werden, sind in Australien sehr angesehen und gut bezahlt. Der Job als *traffic controller* ist einer davon. Die Arbeit darf nur antreten, wer spezielle Sicherheitsschulungen durchlaufen und bestimmte Zertifizierungen erworben hat. Vor allem in ländlichen Regionen ist der Beruf beliebt, denn es gibt oft Zulagen für das Ausharren in Wind und Wetter.

In Australien ist diese spezielle Art der **Verkehrsregelung** meist praktischer und günstiger als der Aufbau einer temporären Ampelanlage mit Stromversorgung und Verkabelung. Da sich viele Straßenbauprojekte täglich oder sogar stündlich verändern, können die menschlichen Verkehrsregler gezielter und flexibler eingesetzt werden. Sie müssen oft auf spontane Situationen reagieren, wenn schwere Baustellenfahrzeuge die Fahrbahn kreuzen oder ein Abschnitt plötzlich gesperrt wird.

Dabei stehen die *traffic controller* in direkter Sichtlinie zum Verkehr und können sofort eingreifen, wenn Autofahrer zu schnell oder unaufmerksam sind. Mit ihren knallgelben oder orangenen Warnwesten sind sie immer gut sichtbar und kommunizieren mit Autofahrern meist per Handzeichen. Damit dienen die *traffic controller* nicht nur der allgemeinen Verkehrsregelung, sondern auch dem Schutz der restlichen Baustellenarbeiter.

WOHNEN & INFRASTRUKTUR

19

Wird Australien gerade zum Land der erneuerbaren Energien?

AUSTRALIEN ERLEBT EINEN RASANTEN AUSBAU ERNEUERBARER ENERGIEN UND ENTWICKELT SICH ZU EINEM GLOBALEN VORREITER IN DIESEM BEREICH. BIS 2032 SOLL DER STROM ZU 100 PROZENT AUS ERNEUERBAREN ENERGIEQUELLEN GEWONNEN WERDEN.

Australien war lange der größte Kohleexporteur weltweit, wurde in den letzten Jahren aber, was die Exportmenge betrifft, von Indonesien überholt. Auch für die Stromversorgung setzte das Land maßgeblich auf die eigenen fossilen Brennstoffe. Doch inzwischen befindet sich Australien im Wandel und vollzieht gerade eine tiefgreifende **Transformation**: In Sachen erneuerbare Energien befindet es sich auf dem Weg zum globalen Vorreiter. Das Ganze passiert in einem Tempo, das vor wenigen Jahren noch kaum vorstellbar schien.

So richtig Schwung in die Sache kam plötzlich mit dem **Regierungswechsel** 2022. Auch davor gab es zwar schon staatliche Förderungen für erneuerbare Energien, aber viele Programme davon sollten unter der alten Regierung, geführt von Premierminister Scott Morrison, entweder gekürzt werden oder auslaufen, und die Kohleindustrie sollte weiterhin stark unterstützt werden. Ambitionierte **Klimaziele** und große Investitionen für erneuerbare Energien wurden erst mit der Labour-Regierung unter Anthony Albanese im Jahr 2022 beschlossen. Seitdem gibt es erstmals verbindliche Ziele zur Senkung von Emissionen und eine klare politische Unterstützung für die Energiewende.

Parallel läuft der **Kohleabbau** aber unverändert stark weiter, mit gleichbleibend hohen Abbaumengen. Trotz internationaler Klimaziele hat die Regierung seit 2022 sogar den Bau weiterer Kohleminen bewilligt. Der Fokus hat sich aber auch hier schon leicht verschoben, denn bei diesen neuen Minen handelt es sich vor allem um die Förderung einer bestimmten Art von Kohle, die zur Stahlherstellung gebraucht wird. Die Schwerindustrie wird, so wie es aktuell aussieht, wohl eher eine der letzten Industrien sein, die auf erneuerbare Energien umgestellt wird, da sich dafür die Umsetzung am schwierigsten gestaltet. So wird in Australien mittelfristig zwar sehr wohl mit dem Rückgang der Produktion und auch einer sinkenden Nachfrage beim Export gerechnet, davon zu sehen ist aktuell aber noch nichts. Die größten Abnehmer sind Länder wie Japan, Indien, Korea und China, wobei sich Letzteres auch auf klarem Kurs zu erneuerbaren Energien befindet. Die Kohleindustrie bleibt in Australien, zumindest für den Moment, noch ein wichtiger Arbeitgeber. Der Wandel ist aber sichtbar und in vollem Gange, denn klassische Bergbauregionen wie Collie in Western Australia investieren bereits jetzt massiv in die **Umschulung** für die Zeit nach der Kohle. Der gesellschaftliche Druck für den Ausstieg wächst mit jedem Jahr, doch Australien handelt wirtschaftlich und klug. Das Land reinvestiert die riesigen Gewinne, die es mit dem Kohleverkauf erzielt, in ebenso riesige Projekte erneuerbarer Energien. Statt alle Arbeitsplätze in der Kohleindustrie von heute auf morgen wegfallen zu lassen, benutzt es die alte, aber gewinnbringende Industrie fossiler Brennstoffe dazu, neue, »grüne« Projekte schneller bauen und realisieren zu können. Wahrscheinlich wäre das ohne die Kohleindustrie für Australien in dieser Geschwindigkeit nicht stemmbar.

Für den Ausbau erneuerbarer Energien hat sich *Down Under* eine Art Masterplan zurechtgelegt. Pro Bundesstaat sind jeweils eine bestimmte Anzahl an *Renewable Energy Zones* (*REZ*) geplant. Das sind Gebiete, die Wind-, Solar- und Speicherprojekte bündeln. Ziel davon ist es, alles besser überwachen und koordinieren zu können – angefangen von der Stromerzeugung bis hin zur -speicherung und der anschließenden Einspeisung ins Netz.

Auch andere gigantische Mammutprojekte sind in Planung oder bereits im Bau, so wie das Projekt »*SunCable*« im Norden Australiens. Hier entsteht der weltweit größte Solarpark. Per Unterseekabel, das dann schlappe 4.200 Kilometer lang ist, soll ein Teil der Stromproduktion an Singapur gehen. Investor Mike Cannon-Brookes sagt dazu: »Was wir bauen, ist ein riesiges Energieexportsystem für das 21. Jahrhundert.«

Das Projekt liefert nach Fertigstellung eine jährliche Produktion von bis zu sechs Gigawattstunden. Der Teil, der an Singapur geht, deckt mit einem Schlag 15 Prozent des dortigen Gesamtstromverbrauchs. So sieht es aktuell sogar danach aus, dass Australien sich nicht nur selbst mit grünem Strom versorgen wird, sondern seine Nachbarn gleich mit.

GOOD TO KNOW

Die geplante Kapazität des *SunCable*-Projekts ist so groß, dass damit alle Haushalte in Australien mit Strom versorgt werden könnten.

Auch an anderen Stellen wird fleißig gebaut. So entsteht an der südlichen Küste in Victoria ein riesiger Offshore-Windpark mit dem schönen Namen »*Star of the South*«.

Der aktuelle Anteil erneuerbarer Energiequellen am Strommix lag Ende 2023 bereits bei 40 Prozent. Mit allen laufenden Großprojekten ist es relativ klar, dass Australien die restlichen 60 Prozent sehr schnell beisammen haben wird. Das vorgegebene Ziel der Regierung ist es, den Anteil der erneuerbaren Energien bei der Stromversorgung bis 2030 auf 82 Prozent und bis 2032 auf 100 Prozent zu erhöhen. Die Segel dafür sind auf jeden Fall gesetzt, und im Prinzip ist es nur eine Frage der Zeit, bis man diese Ziele auch erreicht.

Je mehr erneuerbare Energien durch den Bau von Windparks und Solaranlagen genutzt werden können, desto wichtiger werden auch **Energiespeicher**, um das Stromnetz zu stabilisieren. Denn die Stromproduktion durch Wind und Sonne ist recht schwankungsintensiv und muss durch einen schnell verfügbaren »Strompuffer« ausgeglichen werden können. Erste Versuche damit gab es 2017 in Adelaide, als die US-Firma Tesla, die nicht nur Elektroautos, sondern auch riesige Batteriespeicher herstellt, solche »Strom-*Megapacks*« in der Region installierte. Das Gebiet wurde damals gewählt, da es in Adelaide öfter zu Stromausfällen kam – oftmals im Sommer an heißen Tagen, wenn sehr viele Bewohner gleichzeitig ihre Klimaanlagen im Haus anwarfen, das Stromnetz damit kurzzeitig überlasteten und somit in die Knie zwangen. Der Versuch war erfolgreich, und die Installation des riesigen Batteriespeichers hatte zur Folge, dass die für das Netz gefährlichen Stromspitzen von den Batterien abgefangen wurden und damit Blackouts vermieden werden konnten.

Das Projekt, das unter dem Namen *Hornsdale Power Reserve* bekannt ist, war 2017 nicht nur der größte Lithium-Ionen-Batteriespeicher der Welt, sondern bewies Kritikern: Großbatterien funktionieren nicht nur und erhöhen die Versorgungssicherheit, sie sind auch wirtschaftlich rentabel. Allein in den ersten zwei Jahren sparte die Installation den südaustralischen Verbrauchern 150 Millionen Dollar ein. Dieser Erfolg löste einen weltweiten Boom bei Batteriespeichern aus.

Stromspitzen wurden vorher mit Strom aus CO_2-intensiven Gaskraftwerken ausgeglichen, die nicht nur teuer waren, sondern den zusätzlich benötigten Strom auch nur langsam zur Verfügung stellen konnten. Die Großbatterie hingegen kann auf Stromschwankungen im Netz in wenigen Millisekunden reagieren. In Zeiten von Stromüberschuss wird der dann günstige Strom außerdem einfach gespeichert und zu teuren Stoßzeiten wieder in das Netz abgegeben. Das führt wiederum zu einem stabilisierenden Effekt an der Strombörse, wovon auch Verbraucher direkt profitieren. In den Einsparungen von den bereits erwähnten 150 Millionen Dollar sind übrigens noch nicht die Kosteneinsparungen mit einbezogen, die sich allein durch die Vermeidung eines Blackouts und dessen Folgekosten ergeben, da das nur schwierig errechnet werden kann.

Ein besonders beeindruckendes Beispiel für einen **vollständigen Wandel** von Kohle und Gas zu erneuerbaren Energien ist das Beispiel Canberra. Die australische Hauptstadt inklusive Umland versorgt seit 2020 ihre gesamten 500.000 Einwohner mit Strom aus erneuerbaren Quellen. In Rankings zur Nachhaltigkeit gilt Canberra inzwischen als Paradebeispiel und als Beleg dafür, dass eine klimaneutrale Energieversorgung in Australien technisch möglich ist. Der Erfolg der Transformation ist auch deshalb so bemerkenswert, weil er zu einer Zeit gelang, als die Politik der damaligen konservativen Regierung die landesweiten Programme für erneuerbare Energien gestoppt hatte. Canberra entschied sich ungefähr 2015 dafür, energietechnisch seinen eigenen Weg zu gehen. Ein mutiger Schritt zu einer Zeit, wo die Regierung des Landes doch in eine ganz andere Richtung ging. Der Erfolg steht auch in bemerkenswert hohem Kontrast zum Rest von Australien, denn als Canberra 2020 klimaneutral wurde, lag der durchschnittliche Anteil erneuerbarer Energien erst bei etwa 35 Prozent.

Trotz aller Fortschritte bleibt der Umbau des Energiesystems komplex und beim Ausbau der **Netzinfrastruktur** muss noch viel passieren. In welche Richtung es insgesamt geht, ist aber bereits heute deutlich zu sehen. Australien wird seine natürlichen Standortfaktoren nutzen und zum absoluten Vorreiter für eine klimafreundliche Zukunft werden. Die Transformation ist keine ferne Vision mehr, sie findet bereits statt und ist eine wahre Goldgrube für das Land. Denn Strom aus erneuerbaren Energien ist vergleichsweise günstig, was nicht nur angenehm für die Einwohner ist, sondern auch technologischen Fortschritt begünstigt.

Australiens Premierminister Anthony Albanese fasste es bereits 2022 treffend zusammen: »Australien will nicht länger das Land der verpassten Möglichkeiten sein, sondern ein Land, das Chancen nutzt. Die Energiewende ist unsere große Chance.«

GOOD TO KNOW

Kleinere australische Haushalte mit ein bis zwei Personen verbrauchen circa 4.600–6.000 kWh pro Jahr, größere Haushalte bis zu 8.600 kWh. Im Vergleich zu Deutschland ist das fast das Doppelte. Bei uns liegt der Durchschnittsverbrauch für 1–2-Personen-Haushalte bei 1.200–2.700 kWh und bei großen Familienhaushalten bei 3.800 kWh. Der Unterschied ergibt sich vor allem dadurch, dass Australier in größeren und meist freistehenden Häusern wohnen. Auch energieintensive Klimaanlagen sind dort weit verbreitet und werden vor allem im Sommer fast durchgehend genutzt.

WOHNEN & INFRASTRUKTUR

20

Wieso seid ihr so verrückt danach, ein Haus kaufen zu müssen?

DIE AUSTRALISCHE »BESESSENHEIT«, EIN HAUS BESITZEN ZU MÜSSEN, IST DAS ERGEBNIS EINER MISCHUNG AUS KULTURELLEN WERTEN, SCHWACHEN MIETERRECHTEN UND DER HOFFNUNG AUF SICHERHEIT UND WOHLSTAND. DOCH ANGESICHTS STEIGENDER PREISE STEHT DER »*GREAT AUSTRALIAN DREAM*« AUF DER KIPPE.

Der Traum vom eigenen Haus ist in Australien tief verwurzelt. Ein zentraler Grund dafür ist die kulturell hohe Bedeutung des Eigenheims. Das eigene Haus steht bei Australiern für Sicherheit und Unabhängigkeit und in gewissem Maße auch für gesellschaftlichen Aufstieg.

Mieten empfinden viele Leute dort als »totes Geld« und betrachten den Hauskauf als kluge Investition und **Altersvorsorge**. Kein Wunder, denn in den letzten Jahrzehnten sind die Immobilienpreise in *Down Under* fast immer gestiegen. Durch einen kontinuierlichen Zuzug von Menschen aus dem Ausland wachsen die großen Ballungsgebiete ständig weiter an und erhöhen die Nachfrage nach Wohnraum, was wiederum **steigende Preise** nach sich zieht.

In der Mietnation Deutschland kann vielleicht nicht jeder den Wunsch nach einer eigengenutzten Immobilie nachvollziehen. Das liegt aber auch daran, dass wir als Mieter unglaublich viele Privilegien haben. Unser Mietrecht ist sehr sozial, und für uns ist es vollkommen normal, die gemietete Wohnung oder das Haus als unser Zuhause zu betrachten. Einen Ort, den wir zu einem großen Teil so gestalten können, wie wir wollen, in dem wir es uns richtig gemütlich machen können. Vermieter sind zwar dazu berechtigt, wenn sie es wollen und auch rechtzeitig ankündigen, die Wohnung zu besichtigen, dürfen das aber nur tun, wenn der Mieter zugestimmt hat und zu Hause ist. ›Ja, natürlich!‹ denkt man sich. Es wäre ja irgendwie unfassbar, wenn das anders wäre. Wo käme man hin, wenn der Vermieter einfach so im Zimmer stehen und hier und da sogar ein bisschen in den Schränken herumschnüffeln dürfte? Im Kopf sind wir allein bei der Vorstellung schon entrüstet: »Das wäre ein eklatanter Eingriff in die **Privatsphäre**!«

In Australien ist so etwas aber nicht nur vorstellbar, sondern sogar die harte Realität. Dort hat man als Mieter nur einen Bruchteil unserer deutschen Rechte. Vermieter dürfen regelmäßige *»rental inspections«* durchführen (im Bundesstaat Victoria zum Beispiel alle sechs Monate) und haben leichteren Zugang zur Wohnung oder zum Haus. Auch Australier finden das nicht besonders toll und neigen daher, verständlicherweise, eher zum Kauf als zur Miete. Bei *Expats* und Zugezogenen, die in *Down Under* aber meist gar keine andere Möglichkeit haben als zu mieten, führt das zu Geschichten, die auch Jahre später noch gerne erzählt werden. So berichtet zum Beispiel Markus, der als deutscher *Expat* in Sydney studiert hat: »Als ich gerade einmal ein paar Monate in meiner neuen Wohnung in Australien war, habe ich den Schreck meines Lebens bekommen. Ich komme nichtsahnend aus der Dusche, nur mit einem Handtuch bekleidet, und plötzlich sehe ich: Da steht irgendwer mitten in meinem Wohnzimmer! Joa – das war die Hausverwaltung meines Vermieters. Die haben mir dann erklärt, dass sie zur Wohnungskontrolle da sind. O. k., die haben das auch mit einem Brief ein paar Tage vorher angekündigt, aber der lag bei mir bis dahin noch ungeöffnet herum. Ich hätte nie gedacht, dass die einfach so ohne Rückbestätigung meinerseits in der Wohnung stehen dürfen.«

Tatsächlich gilt in Australien: Die *rental inspections* dürfen nicht nur ohne Rückbestätigung des Mieters durchgeführt werden, sondern sogar auch in dessen Abwesenheit. Der Vermieter oder aber die Hausverwaltung hat einfach noch einen Zweitschlüssel und darf diesen auch benutzen.

Zu den *rental inspections* kommt auch noch, dass die Mietverträge meist befristet sind, der Kündigungsschutz schwächer ist und Mieterhöhungen häufiger erfolgen können als in vielen europäischen Ländern. Die Unsicherheit und **Fremdbestimmtheit** ist bei vielen also Motivation genug, schnell eine eigene Immobilie zu erwerben.

Aber auch wirtschaftliche Faktoren spielen in Australien eine Rolle: Immobilienbesitz wird steuerlich begünstigt, zum Beispiel durch die Befreiung selbstgenutzter Häuser von der Kapitalertragssteuer. Verkauft man also ein Haus, in dem man bisher immer nur selbst gewohnt hat, ist der Gewinn **steuerfrei**. Auch wenn man es vermietet hatte, gibt es einen guten Steuerdeal. So zahlt man nur auf 50 Prozent des Gewinns Steuern, solange man länger als zwölf Monate Eigentümer der Immobilie war. Historisch hat sich der Hauskauf also als Weg zur Vermögensbildung bewährt, und viele Australier hoffen auf Wertsteigerungen und finanzielle Sicherheit.

In den Medien und im Alltag sind die Themen Hauskauf und vor allem die Immobilienpreise und Zinsen allgegenwärtig. Die Angst, den Einstieg zu verpassen, treibt viele dazu an, noch schnell zu kaufen, solange das vom Budget her überhaupt noch möglich ist. Die *fear of missing out* (*FOMO*) treibt Immobilienpreise speziell in Ballungsgebieten zusätzlich in die Höhe. Viele junge Australier klagen bereits darüber, dass sie es sich nicht mehr leisten können, ein Haus zu kaufen. Der Anteil der Mieter in Australien steigt also gerade langsam an. Meist aber nicht, weil die Leute es so wollen, sondern weil sie keine andere Option haben.

GOOD TO KNOW

Die *Home-Ownership*-Rate sank von 70 Prozent (2006) auf 66 Prozent (2021) und stagnierte in den letzten Jahren. Bei einer australischen Umfrage nannten über 50 Prozent der Befragten ein Eigenheim als wichtigstes Ziel innerhalb der nächsten drei Jahre.

WOHNEN & INFRASTRUKTUR

21

Nutzt ihr überhaupt Heizungen in euren Häusern? Bei euch ist es doch immer warm!

IN AUSTRALIEN IST ES KEINESWEGS IMMER UND ÜBERALL WARM. GERADE IM SÜDEN KANN ES IN DEN WINTERMONATEN EMPFINDLICH KALT WERDEN. DESHALB SIND HEIZUNGEN AUCH IN *DOWN UNDER* WICHTIG.

Australien gilt weltweit als sonniges, warmes Land – doch das Klima ist vielfältiger, als man vermuten würde. Während im tropischen Norden das ganze Jahr über warme Temperaturen herrschen, ist das im südlichen Teil des Kontinents ganz anders. Hier ist das Klima gemäßigt und es gibt, so wie bei uns in Europa, **vier Jahreszeiten**. Im Winter, der auf der Südhalbkugel von Juni bis August geht, kann es auch in Australien richtig kalt werden, und in einigen Bergregionen fällt sogar Schnee.

In dieser Zeit sinken die Temperaturen in den südlichen Regionen des Landes, zum Beispiel auch rund um Melbourne, tagsüber auf 10 bis 15 Grad. Nachts rutscht das Thermometer in den einstelligen Bereich und es wird auch öfter mal der **Gefrierpunkt** erreicht. Eine Heizung ist also eine absolute Notwendigkeit.

Jedoch gibt es meist keine einzelnen Heizkörper in jedem Raum, sondern einen Schacht, der einmal komplett durch das ganze Haus führt. Darin wird dann warme Luft wie in einer Art **Gebläse** in alle Räume geleitet. Es gibt genau zwei Einstellungsmöglichkeiten: an oder aus. Die meisten Leute entscheiden sich nachts für Letzteres, um von dem Heizsystem nicht wachgehalten zu werden. Da die Häuser aber meist schlecht bis gar nicht isoliert sind, kühlen die Räume schnell wieder aus. Deshalb ist es im Winter keine Seltenheit, dass man morgens aufwacht und seinen Atem sehen kann. Ein Fakt, für den man in Deutschland wahrscheinlich sofortige Mietminderung beantragen würde.

Australier sehen das lockerer und bekämpfen die winterliche Kälte mit zusätzlichen Heizlüftern oder bauen Klimaanlagen mit Heizfunktion ein. Auch **Heizdecken** sind beliebt und finden sich dort nicht nur auf der weihnachtlichen Wunschliste von Senioren.

WOHNEN & INFRASTRUKTUR

22

Was? Bei euch kann man Ski fahren?

IM SÜDOSTEN DES LANDES IST DAS SKIFAHREN IM ALPINE NATIONAL PARK ODER IM KOSCIUSZKO NATIONAL PARK MÖGLICH. LETZTERES SPRECHEN AUSTRALIER ÜBRIGENS »*KO-SI-AAS-KOU*«.

Zugegeben, sich skifahrende Australier vorzustellen ist wahrscheinlich mindestens genauso schwer wie durch den Schnee springende Kängurus. Und doch gibt es in Australien beides, wenn auch nur in den Wintermonaten in südlichen Regionen.

Um wirklich Skifahren zu können, müssen die Australier aber in ihre **Wintersportgebiete** in der südöstlichen Hochlandregion fahren. Die sogenannten *Australian Alps* liegen genau zwischen Sydney und Melbourne, und so fährt man mit dem Auto von beiden Städten aus circa fünfeinhalb Stunden, bis man dort ist.

Einige der dortigen Gebiete sind besonders bekannt. So zum Beispiel die **Snowy Mountains**, wo sich mit Thredbo und Perisher zwei der größten Skigebiete des Landes befinden. In manchen Jahren sorgt das Wetterphänomen *La Niña* für überdurchschnittliche Schneemengen, sodass die *Australian Alps* zeitweise sogar mehr Schneefall verzeichnen als einige bekannte europäische Regionen. Dennoch ist die Saison insgesamt kürzer und die Schneelage schwankender als in den europäischen Alpen. Wenn nötig, wird auch hier mit Schneekanonen nachgeholfen.

Der Wintersport ist ein wichtiger Wirtschaftsfaktor für die entsprechenden Regionen, allerdings ist Skifahren in Australien recht **teuer**. Tageskarten kosten in den großen Skigebieten oft zwischen 130 und 200 Euro – deutlich mehr als in vielen europäischen Alpenregionen. Hinzu kommen Unterkunft und Skikurse, sodass ein Skiurlaub für viele Familien schnell ein kostspieliges Unterfangen wird.

Trotzdem ist Skifahren beliebt, vor allem bei den Australiern, die nicht weit von den Skigebieten entfernt wohnen. Das Land verfügt sogar über eine eigene Wintersport-Nationalmannschaft, die bereits mehrfach Medaillen bei den Olympischen Spielen im Freestyle oder Snowboarden gewonnen hat.

STAAT & GESELLSCHAFT

23

Wieso bezeichnet ihr euren eigenen Staat als »**Nanny State**«?

AUSTRALIEN IST OFT WIDERSPRÜCHLICH. WÄHREND WIR DAS LAND MIT FREIHEIT UND WEITE VERBINDEN, SEHEN MANCHE DORT IHREN STAAT KRITISCH. SIE BEZEICHNEN IHN ALS »*NANNY STATE*«, DER VIELE DINGE EINFACH ÜBER VERBOTE REGELT UND SO AUCH VIELE RECHTE UND FREIHEITEN BESCHRÄNKT.

In diesem Land scheint es tatsächlich für fast alles eine Vorschrift, ein Schild oder ein Bußgeld zu geben. Der oft benutzte Begriff »*Nanny State*« beschreibt einen Staat, der seine Bürgerinnen und Bürger mit einer Vielzahl von Regeln, Vorschriften und Verboten »**bemuttert**« – ähnlich wie eine *nanny*, die ständig aufpasst, dass niemand etwas Gefährliches tut. In Australien kommt dieser Begriff immer wieder in verschiedenen politischen oder auch gesellschaftlichen Debatten auf. Dabei werden die Gesetze und Vorschriften meist mit der Begründung eingeführt, nur dem Schutz der Allgemeinheit zu dienen. Zugegebenermaßen ist Australien dadurch zu einem der sichersten und lebenswertesten Länder der Welt geworden. Von manchen werden gewisse Verbote aber auch als übertrieben empfunden.

Das Erste, worüber wir uns als Deutsche in Australien besonders gerne aufregen, ist das Verbot zum »*public drinking*«. Wie wir in anderen Kapiteln noch erfahren, hat Australien aus vielerlei Gründen ein Problem mit Alkohol. Der Staat hat deshalb in vielen Parks, an Stränden und anderen öffentlichen Plätzen ein Verbot für Alkoholkonsum verhängt. Teilweise auch nur uhrzeitabhängig. So ist in bestimmten Innenstädten das öffentliche Bierchen beispielsweise, unter Androhung von hohen Strafen, ab 18 Uhr abends verboten.

Ebenfalls anders als bei uns, gibt es eine landesweite **Helmpflicht** für alle, die mit dem Fahrrad unterwegs sind. Auf die Einhaltung wird von der Polizei vor allem in Städten akribisch geachtet und auch schnell mal ein Strafzettel verteilt. In weniger regulierten Staaten wie dem Northern

Territory oder Western Australia wird hier bei Zuwiderhandlung ein überschaubares Bußgeld von 25 bis 50 Dollar fällig. Richtig teuer kann es ohne Helm aber im Bundesstaat Tasmanien und in New South Wales werden (344 Dollar).

Als Kind wächst man in Australien außerdem mit **umzäunten Spielplätzen** und flachen Rutschen auf. Für alle Spielgeräte existieren Vorschriften für deren maximale Bauhöhe, und auf allen Flächen muss ein ganz bestimmter, weicher Bodenbelag verbaut sein. In Sichtweite von Kindern ist es auch verboten zu rauchen, genau wie an Bushaltestellen oder im Außenbereich von Bars oder Restaurants.

Wer einen **privaten Pool** besitzt, muss einen speziellen Zaun mit vorgeschriebenem Tor und Schloss bauen. Das gilt selbst für Leute, die einen Pool auf einer abgelegenen Farm besitzen, wo garantiert niemand so schnell hinkommt. Dass die Poolzäune auch noch regelmäßig von Behören kontrolliert werden müssen, beschreiben selbst Australier als »Arbeitsbeschaffungsmaßnahme«.

Den so bisher entstandenen Vorschriftendschungel nehmen die meisten Australier mit Humor. Es gibt T-Shirts mit der Aufschrift »*Nanny State Survivor*«, *memes* mit Parodien über den australischen Schilder-Wahn und sogar Radioshows, in denen regelmäßig die absurdesten neuen Regeln vorgestellt werden. Besonders beliebt sind dabei Diskussionen, in denen Fälle der absoluten **Überregulierung** geschildert werden. Zum Beispiel, wenn an einem Strand neuerdings Bußgelder fürs Barfußlaufen verhängt werden, »wegen der dort besonders großen Gefahr, in eine Glasscherbe zu treten«.

Während man in manchen Bereichen vielleicht recht offensichtlich ein wenig über das Ziel hinausgeschossen ist, gibt es auch positive Ergebnisse. So sorgte die Einführung des weltweit schärfsten **Waffengesetzes** im Jahr 1996 dafür, dass sich die Zwischenfälle in diesem Bereich seither halbiert haben. Der Besitz von voll- und halbautomatischen Gewehren sowie halbautomatischen Schrotflinten wurde grundsätzlich verboten. Wer eine Schusswaffe kaufen will, muss erst einen strengen Eignungstest bestehen, ein Sicherheitstraining absolvieren und einen triftigen Grund für den Besitz der Waffe haben (z. B. Jagd, Sportschießen, berufliche Notwendigkeit). Zusätzlich gibt es beim Waffenkauf eine Wartezeit von

28 Tagen, und später finden regelmäßige Überprüfungen statt, welche auch die Regeln zur Aufbewahrung betreffen.

Dringenden Handlungsbedarf sieht die Regierung aktuell beim Thema **soziale Medien**. So wurde Ende 2024 ein Gesetz verabschiedet, das ein Nutzungsverbot für Kinder und Jugendliche unter 16 Jahren beschließt. Es tritt ab Ende 2025 in Kraft. Die *Social-Media*-Plattformen haben bis zum Inkrafttreten des Gesetzes Zeit, um verschiedene Methoden zur Alterskontrolle umzusetzen.

Australien lebt mit seiner Vielzahl an Regeln einen interessanten Spagat. Auf der einen Seite die *no-worries*-Kultur, auf der anderen die vielen Vorschriften, die meist auf vergangenen Unfällen oder Sicherheits- und Gesundheitsrisiken beruhen.

FUN FACT

Australier beschreiben ihren *Nanny State* gerne selbst mit den Worten: *»Australians are free people – as long as they follow the rules.«*

STAAT & GESELLSCHAFT

24

Warum sind eure Wappentiere eigentlich ein Känguru und ein Emu?

AUSTRALIEN HAT SICH TIERE FÜR SEIN WAPPEN AUSGESUCHT, DIE NUR VORWÄRTS UND NICHT RÜCKWÄRTS GEHEN KÖNNEN. EIN SYMBOL FÜR EIN LAND, DAS SEINEN BLICK NACH VORNE RICHTET.

Auf dem australischen Wappen sind, einander zugewandt, ein Känguru und ein Emu zu sehen. Zwischen den Tieren befindet sich ein Schild, das die einzelnen Bundesstaaten und Territorien repräsentiert. Aber warum hat man sich eigentlich gerade für diese beiden Tiere und nicht den niedlichen Koala entschieden?

Naja, Australien ist eben ein Land mit Sinn für Symbolik. Sowohl Känguru als auch Emu bewegen sich immer nur **vorwärts**, nie rückwärts. Für beide Tiere gehört das Rückwärtslaufen nicht zum normalen Bewegungsablauf. Die spezielle Anatomie der Hinterbeine macht dem Känguru eine Rückwärtsbewegung fast unmöglich. Beim Emu ist es ähnlich. Die Gelenkstruktur der Beine ist so gebaut, dass dem Tier Rückwärtsschritte extrem schwerfallen. Damit verkörpern die beiden Tiere ein zentrales australisches Ideal: **Fortschritt**. Nach vorn schauen. Sich weiterentwickeln.

In der ersten Version des Wappens von 1908 stand passend dazu am unteren Rand auch noch der Slogan »*Advance Australia*« (Schreite voran, Australien). Im heutigen Wappen ist dieser Zusatz nicht mehr enthalten, da der Schriftzug irgendwann auf ein einfaches »Australia« gekürzt wurde.

Das Känguru ist im Laufe der Zeit generell zu DEM Nationalsymbol Australiens geworden. Mit seinem kraftvollen Sprung nach vorn verkörpert es Fortschritt, Energie und Bewegung. Kein Wunder also, dass es auch gerne als Symbol in einer Vielzahl australischer Firmenlogos verwendet wird.

So zum Beispiel von der Fluggesellschaft Qantas. Vielleicht wäre es hier aber auch einfach komisch gewesen, sich für den Emu zu entscheiden – einen großen, flugunfähigen Laufvogel.

STAAT & GESELLSCHAFT

25

Ist euch klar, dass kein Mensch eure Nationalflagge aus dem Kopf zeichnen kann?

DIE AUSTRALISCHE FLAGGE SPIEGELT VOR ALLEM DIE KOLONIALGESCHICHTE WIDER. SIE WIRD OFT MIT DER NEUSEELÄNDISCHEN VERWECHSELT, WESHALB BEIDE LÄNDER BEREITS DES ÖFTEREN ÜBER EINE ÄNDERUNG IHRER FLAGGEN NACHGEDACHT HABEN.

Für die Gestaltung einer Flagge gibt es, ähnlich wie bei Markenlogos, drei goldene **Designkriterien**, nach denen man sich richten sollte:

1. Die Flagge sollte einfach sein.
2. Sie sollte einprägsam und unverwechselbar sein.
3. Jedermann, idealerweise sogar ein Kind, sollte sie einfach so aus dem Kopf nachzeichnen können.

Die australische Flagge fällt in allen drei Kategorien durch. Danke – sechs, setzen. O. k., objektiv gesehen ist sie immer noch um Längen besser als die von Turkmenistan, aber trotzdem weit entfernt von einem Flaggen-Design, das als »klar«, »einfach« oder »gut zu merken« bezeichnet werden kann. Wer sie einmal gesehen hat, weiß zwar, dass da irgendwas mit einem dunkelblauen Hintergrund und ganz vielen Sternen war, aber jetzt die genaue Anordnung zu beschreiben …? Schwierig. Manch einer würde die Flagge als Mischung aus britischem Empire und Sternenkarte in rätselhafter Anordnung beschreiben.

Die linke obere Ecke nimmt der *Union Jack* ein, zur Erinnerung an die britische Kolonialmacht. Direkt darunter ist ein großer Stern, der *Commonwealth Star*, platziert. Dieser Stern hat sieben Zacken, was die australischen Bundesstaaten bzw. Territorien repräsentiert. Auf der rechten Seite der Flagge ist das Sternbild *Southern Cross* abgebildet, eine Sternenkonstellation, die wir von Europa aus nicht sehen können, weil sie nur in der südlichen Hemisphäre sichtbar ist. Auf der Flagge ist sie durch fünf unterschiedlich große Sterne dargestellt. Vier von diesen Sternen besitzen sieben Zacken, aber einer davon ist kleiner und hat nur fünf. Ein Kind, das diese Flagge detailgetreu aus dem Kopf nachmalen kann, hat entweder jahrelang geübt oder ist mit einem fotografischen Gedächtnis gesegnet.

Der Weg zur Designfindung der aktuellen Flagge fing 1901 mit einem Wettbewerb an. Die frisch gegründete australische Regierung lud das ganze Land dazu ein, eine Nationalflagge zu entwerfen. Es kamen über 32.000 Einsendungen, aus denen am Ende fünf nahezu identische Entwürfe als gleichwertige Sieger hervorgingen. Alle fünf Designer bekamen eine Geldprämie gezahlt.

Interessanterweise hat Neuseeland eine Flagge, die mit der australischen fast identisch zu sein scheint. Beide zeigen den *Union Jack* und das *Southern Cross*. Der einzige Unterschied? In Neuseeland sind die Sterne rot mit weißen Umrandungen – und einer fehlt. Diese extreme Ähnlichkeit führt regelmäßig zu skurrilen **Verwechslungen**. So etwa im Jahr 2015, als beim *Commonwealth*-Gipfel in Malta plötzlich die australische Delegation stolz vor der neuseeländischen Flagge saß und die neuseeländische Delegation vor der australischen. Das Foto ging damals in den sozialen Netzwerken viral.

Selbst eine Zeitung schrieb einmal spöttisch, dass »die Hälfte der Bevölkerung beim Zeichnen ihrer eigenen Flagge ins Schwitzen gerät – und die andere Hälfte dabei das falsche Land erwischt«.

Kein Wunder also, dass sowohl Australien als auch Neuseeland immer mal wieder über eine **Neugestaltung** ihrer Flagge nachgedacht haben. Dabei herausgekommen sind bislang auf beiden Seiten jede Menge gute Entwürfe. Allerdings hat sich noch keines der beiden Länder dazu durchringen können, den Weg der offiziellen Flaggenänderung dann auch tatsächlich zu beschreiten.

Dabei wäre es ja gerade auf australischer Seite eine gute Idee, eine Nationalflagge zu entwerfen, mit der sich alle Menschen im Land identifizieren können. Die *Aboriginal People* bemängeln bisher zurecht, dass die aktuelle Gestaltung der Flagge nirgends ihre Geschichte oder Symbole noch ihre Kultur aufgreift. Deshalb wurde 1971 eigens für die Indigenen eine eigene, separate Flagge entworfen. Sie ist im oberen Teil schwarz (repräsentativ für die Hautfarbe der Ureinwohner), unten rot (ein Symbol für die rote Erde im Outback) und hat in der Mitte einen gelben Kreis (der die Sonne symbolisiert). Sie ist heute ein starkes Symbol für Stolz, Widerstand und Identität. Seit 1995 ist sie zusätzlich zur Nationalflagge offiziell anerkannt und darf auf öffentlichen Gebäuden gehisst werden. Besonders Schulen, Universitäten und soziale Einrichtungen zeigen damit, dass Australien mehr ist als eine (ehemals) britische Kolonie.

FUN FACT

Auf der australischen Nationalflagge dominiert die Farbe Blau. Die Nationalfarben von Australien sind aber eigentlich Grün und Gold, abgeleitet von der Nationalblume, der *golden wattle* (Gold-Akazie). Die australischen Sportmannschaften machen das Fehlen der Nationalfarben auf der Flagge wieder wett, denn praktisch alle Sportteams, von Rugby bis Hockey, treten in den Farben Grün und Gold auf.

STAAT & GESELLSCHAFT

26

Seid ihr wirklich so fortschrittlich?

AUSTRALIEN IST SOWOHL IM GESELLSCHAFTLICHEN ALS AUCH DIGITALEN BEREICH DURCHAUS FORTSCHRITTLICH. DAS LAND STELLT GERADE EIN SYSTEM AUF DIE BEINE, DAS ES DEN BÜRGERN ERMÖGLICHT, SICH DIGITAL AUSZUWEISEN UND SÄMTLICHE BEHÖRDENGÄNGE ONLINE ZU ERLEDIGEN.

Was die Digitalisierung angeht, hat Australien ein ehrgeiziges Ziel: Es will bis 2030 zu den zehn am besten digitalisierten Ländern der Welt gehören. Um das zu schaffen, soll zum Beispiel die Verwaltung umgestellt und komplett digital werden. Was in Deutschland noch ein langer Weg zu sein scheint, wird hier schon umgesetzt. Bald soll es eine einfache digitale Beantragungs- und **Verwaltungsplattform** für sämtliche Dokumente geben. Die ersten Ergebnisse kann man bereits sehen. Seit 2024 gibt es nun zum Beispiel die »**myID-App**«, die es Bürgern ermöglicht, sich online auszuweisen. Damit kann man sich bei vielen Diensten direkt und einfach über das Smartphone identifizieren. So können Australier in vielen Staaten unter anderem ihren Führerschein verlängern, die Steuererklärung abgeben oder ein neues Unternehmen anmelden und verwalten. Die Identitätsprüfung läuft dabei komplett digital und kann von den Benutzern per Fingerabdruck oder Gesichtserkennung freigeschaltet werden. Die Möglichkeit, sich digital auszuweisen, soll für die Bürger ab Ende 2026 auch für die Identifikation bei Banken, Immobilienfirmen oder Telekommunikationsanbietern möglich sein. Das Ziel ist es, dass man künftig beglaubigte Dokumente oder den Ausweis nicht mehr persönlich bei Behörden oder Banken vorzeigen muss, sondern die eigenen Identitätsdaten sicher und kontrolliert über das Smartphone teilen kann.

Zusätzlich kommt der digitale Ausweis auch bei der **Altersverifizierung** für den Zugang zu sozialen Medien zum Einsatz. Alle Anbieter müssen ab Ende 2025 sicherstellen, dass ihre Nutzer 16 Jahre oder älter sind, sonst drohen hohe Strafen. Dabei dürfen die Betreiber der

Plattformen verschiedene technische Lösungen verwenden. Der digitale Ausweis ist eine davon, die Anbieter können sich aber ebenso für eine andere Art der Identifizierung entscheiden, wie zum Beispiel KI-gestützte Gesichtsanalyse oder das klassische Hochladen von Ausweisdokumenten.

Bei der **Einreise** nach Australien ist seit circa 2015 ebenfalls alles komplett digital. Wer über eine Aufenthaltserlaubnis verfügt, braucht nun keinen großen Visum-Aufkleber mehr oder unzählige Stempel im Pass. Stattdessen läuft alles über die Nummer des Ausweisdokuments. Etwaige Aufenthaltsrechte werden im *Electronic Travel Authority System* (ETA-System) mit den jeweiligen Passdaten verknüpft und abgespeichert. So wird die Einreise für alle schneller und einfacher, da der Einreisende keine etwaigen Visadokumente mehr zusammensuchen muss und Grenzbeamte alles ordentlich auf ihren Bildschirmen aufgelistet haben.

Aber nicht nur im digitalen, sondern auch im gesellschaftlichen Bereich gilt Australien als fortschrittlich. So belegte das Land 2025 im globalen *Gender-Gap-Ranking* (weltweiter Vergleichsindex zur Geschlechtergleichstellung) Platz 13. Eine deutliche Verbesserung zum Platz 24 im Jahr davor. Deutschland befindet sich in diesem Index übrigens auf Platz 9, die Tendenz ist aber fallend, da man im Jahr zuvor noch Platz 7 belegte.

Der *Gender Pay Gap* (Maß für den durchschnittlichen Verdienstunterschied zwischen Männern und Frauen) ist in Australien weiterhin am Sinken und aktuell auf einem Rekordtief von 11,9 Prozent. Ein Grund dafür ist auch, dass immer mehr Frauen am Arbeitsmarkt teilnehmen und Männer häufiger Elternzeit nehmen. Immerhin 17 Prozent aller Familien entscheiden sich dafür, dass der Mann in der Elternzeit die Hauptbetreuungsperson ist. Allerdings sind die oben genannten 11,9 Prozent eigentlich nur die halbe Wahrheit, denn wenn man sich die Gesamtvergütung inklusive Boni und Zulagen ansieht, beträgt der *Pay Gap* 21,8 Prozent. Der hohe Unterschied zwischen den beiden Prozentzahlen kommt daher, dass es meist besonders hohe Boni in Manager-Positionen gibt, wo Frauen in Australien, genau wie bei uns, leider immer noch unterrepräsentiert sind. Dafür sind aber immerhin Regierungspositionen inzwischen recht ausgeglichen besetzt.

Auch schwule und lesbische Paare sind in Australien schon lange willkommen. Seit Ende 2017 ist die **gleichgeschlechtliche Ehe** legal, indem der Begriff »Ehe« gesetzlich auf »die Verbindung von zwei Menschen« erweitert wurde. Auch davor war es aber schon möglich, mit sogenannten »De-facto-Partnerschaften« eine Beziehung offiziell eintragen zu lassen und damit weitgehend die gleichen Rechte wie verheiratete Paare zu erhalten. Die Einführung der gleichgeschlechtlichen Ehe erfolgte aber erst, nachdem die Meinung der Gesellschaft dazu abgefragt worden war. Die landesweite Volksbefragung, die der Gesetzesänderung vorausging, hatte zum Ergebnis, dass 61,6 Prozent der Australier für die Öffnung der Ehe stimmten.

GOOD TO KNOW

Fortschritt und Erfindungsgeist haben in Australien viele weltverändernde Dinge hervorgebracht. So zum Beispiel die *Black Box* (Flugdatenschreiber), das WLAN und den Herzschrittmacher.

STAAT & GESELLSCHAFT

27

Wieso macht es Australien Einwanderern so schwer?

AUSTRALIEN HAT EINES DER STRENGSTEN EINWANDERUNGSSYSTEME WELTWEIT. ES WERDEN BEWUSST NUR QUALIFIZIERTE UND FÜR BESTIMMTE BERUFE GESUCHTE ARBEITSKRÄFTE INS LAND GELASSEN. WER DAUERHAFT NACH *DOWN UNDER* MÖCHTE, MUSS HOHE ANFORDERUNGEN ERFÜLLEN UND VIEL GEDULD MITBRINGEN.

Oft fängt alles damit an, dass man gerade einen wunderschönen Urlaub in Australien verbracht hat. Entlang der Sunshine Coast oder den Blue Mountains, zwischen Koalas, Flat Whites, Sonnenschein und blauem Himmel. Die Menschen sind freundlich und das Leben entspannt. Und dann kommt dieser Gedanke: »Warum eigentlich nicht mal ein Jahr hier leben? Oder gleich für immer?«

Sobald man aber anfängt, sich über das Thema schlau zu machen, stellt man schnell fest: Das ist gar nicht so einfach. Statt offenen Armen erwarten einen hier ein strenges **Punktesystem**, komplizierte Formulare und eine richtig lange Liste an Anforderungen. Hier macht es einem ein Land, das sich selbst als Einwanderungsnation versteht, erstaunlich schwer, dazugehören zu dürfen, selbst dann, wenn man mit den besten Intentionen kommt.

Dabei ist es ironischerweise gerade die Migration, die Australien zu dem gemacht hat, was es heute ist. Der wirtschaftliche Wohlstand, die Innovationskraft und die kulturelle Vielfalt des Landes wären ohne Zuwanderung kaum vorstellbar. Die australische Bevölkerung ist aktuell sehr vielfältig, fast jeder dritte Einwohner wurde im Ausland geboren. Im Outback und kleineren Ortschaften merkt man davon eher weniger, aber in den Großstädten ist die **Multi-Kulti-Zusammensetzung** deutlich sichtbar. Statistiken und Umfragen besagen, dass in Metropolregionen circa 30 Prozent aller Haushalte innerhalb der Familie außer Englisch noch eine andere Sprache sprechen.

Ohne Zuzug aus dem Ausland hätte Australien bald ein Problem: Die Geburtenrate sinkt seit Jahren, und ohne junge Migranten würde die **Demografie** des Landes, die aktuell noch relativ ausgeglichen ist, kippen. 2024 machten neue Geburten im Land nur 24 Prozent des Gesamtbevölkerungswachstums aus. Die restlichen 76 Prozent kamen durch Zuwanderung aus dem Ausland zustande.

Im Jahr 2023 gab es einen Rekordzuzug von fast 500.000 Einwanderern. Da (nicht nur in diesem bestimmten Jahr) fast alle davon in die gefragten Metropolen wollen, kommt es dort zu einem Mangel an Wohnraum. Die Immobilien- und Mietpreise explodieren, und immer mehr Australier beklagen sich darüber, dass sie sich kein eigenes Haus mehr leisten können. Daher hat die Regierung entschieden, die Zahl der Zuwanderer auf etwa 250.000 pro Jahr zu begrenzen, was der Hälfte der Vorjahre entspricht.

Schlechte Nachrichten für alle, die ernsthaft mit dem Gedanken spielen, nach *Down Under* auszuwandern. Ab jetzt werden die vorher schon strengen Einwanderungsregeln noch einmal verschärft, indem beispielsweise für viele Visa die **Mindestanforderungen** an die Englischkenntnisse angehoben werden.

GOOD TO KNOW

Wenn man mit einem *Visitor Visa* (Besuchervisum) einreisen will, aber die Beamten nicht hundertprozentig davon überzeugt sind, dass man wieder ausreist, kann die Einreise verweigert werden. Selbst dann, wenn man ein Rückflugticket für ein paar Wochen später hat und dieses auch vorzeigen kann.

Generell ist das Einwanderungssystem in Australien folgendermaßen aufgebaut: Es gibt eine von der Einwanderungsbehörde erstellte Liste von Berufen (*Skilled Occupation List*), welche jedes Jahr zu einem bestimmten Stichtag aktualisiert wird. Auf dieser Liste befinden sich alle Berufe, die das Land gerade in irgendeiner Art und Weise sucht. Vereinfacht gesagt hat man als Einwanderer eine reelle Chance, ein Arbeitsvisum erteilt zu bekommen, sobald der eigene Beruf auf dieser Liste auftaucht. Ist das nicht der Fall, wird es sehr schnell schwierig bis unmöglich. Aktuell sind fast 700 verschiedene Berufe aufgeführt und zu jedem einzelnen ist angegeben, welche Visamöglichkeiten es dafür gibt. Bei der jährlichen Aktualisierung kann es vorkommen, dass entweder neue Berufe hinzugefügt oder aber Berufe von der Liste gestrichen werden. Außerdem gilt für fast alle Visa eine maximale **Altersbeschränkung** von 45 Jahren.

Bei dringend gesuchten Berufen hat man als Bewerber zum Beispiel gute Chancen auf eine permanente Arbeits- und Aufenthaltsgenehmigung. Natürlich nur, wenn man alle Kriterien erfüllt, was nicht nur die beruflichen Qualifikationen betrifft, sondern auch das Alter, die Sprachkenntnisse und die eigene Gesundheit. Außerdem kann man seine »Bewerbungsunterlagen« für dieses sogenannte »*Skilled Nominated Visa*« nicht einfach so einreichen, sondern muss erst Interesse bekunden. Ein bisschen wie in der Schule: Man muss sich erst per Handzeichen melden und warten, bis man vom Lehrer aufgerufen wird. Erst wenn man also dazu aufgefordert wurde, darf man der Einwanderungsbehörde seine Unterlagen schicken. Australien prüft hier sehr genau, wem man da quasi einen Freifahrtschein fürs Land ausstellt. Entsprechend kann sich der Visum-Prozess über mehrere Monate ziehen. Da sich die Bearbeitungszeiten – zur Unzufriedenheit des Landes – gerade für die von Australien dringend gesuchten Berufe zuletzt teils über ein Jahr hinzogen, gibt es jetzt Bemühungen, den Prozess zu beschleunigen.

Aktuell sind zum Beispiel besonders Fachkräfte mit Qualifikationen in Mangelberufen wie IT, Ingenieurwesen und in der Pflege gesucht. Der Weg zum dauerhaften Visum ist lang und aufwendig, da alle Unterlagen in Englisch aufbereitet und teils beglaubigt werden müssen. Kostentechnisch ist man insgesamt schnell bei 10.000 Dollar, da alleine die reine Beantragungsgebühr für ein *Skilled Visa* derzeit bei 4.770 Dollar liegt. Hinzu kommen Kosten für Übersetzungen, Beglaubigungen, Sprachtests, Gesundheitschecks und (manchmal) auch für eine Berufsanerkennung. Wohlgemerkt: Das alles gilt für eine Person. Will man seinen Partner mitnehmen, muss auch dieser gewisse Kriterien erfüllen und es kommen nochmal ein paar tausend Dollar an zusätzlichen Gebühren obendrauf.

Sowohl Antrags- als auch potentielle Mitantragssteller müssen ihre Sprachkenntnisse nachweisen. Dafür gibt es standardisierte Englischtests wie den IELTS- oder den TOEFL-Test. Hier werden sowohl Schreib- und Sprach- als auch Hörverständnis getestet.

Schwierig ist zudem, dass bestimmte Abschlüsse, die im Ausland erworben wurden, nicht direkt anerkannt werden. Viele Berufe wie zum Beispiel Arzt, Ingenieur, Lehrer und Handwerker erfordern **Nachprüfungen** oder teure Nachqualifikationen. Gerade die deutsche Ausbildung, die bei uns ja sehr gängig und ein guter Einstieg ins Berufsleben ist, weiß Australien nicht einzuordnen, da es so etwas dort nicht gibt. Hier müssen berufliche Fähigkeiten dann relativ aufwändig nachgewiesen werden.

Aber – der ganze Aufwand hat ja auch seinen Sinn. Der frühere Innenminister Peter Dutton sagte dazu: »*We want migrants who make a contribution, not just add to the population.*« Und das, muss man sagen, funktioniert für Australien mit diesem System wirklich gut.

Allerdings gibt es besonders ein Visum, das im Laufe der Jahre immer wieder durch seine absurd langen Bearbeitungszeiten aufgefallen ist: das »**Elternvisum**« (*Contributory Parent Visa*). Es ist für Leute gedacht, die bereits in Australien leben und arbeiten und ihre Eltern zu sich ins Land holen wollen. Die aktuelle Wartezeit nach Einreichung liegt bei durchschnittlichen 14 Jahren, bei Kosten von aktuell **48.495 Dollar** per Antrag und pro Person. Bearbeitungszeiten, bei denen sogar ein deutscher Beamter mit den Ohren schlackern würde. Die ungeheuer hohe Summe für die Beantragung splittet sich in die Basisgebühr (4.765 Dollar) und die *Contributory Fee* (43.600 Dollar). Letzteres ist, wie der Name sagt, ein Leistungsbeitrag. Da die Eltern dann bei Erteilung des Visums Anspruch auf Leistungen aus der australischen Krankenversicherung Medicare haben, sagt Australien quasi direkt vorweg: »Wir wissen, ihr seid bereits ein bisschen älter und werdet wahrscheinlich unsere Krankenversicherung beanspruchen. Also zahlt gleich mal einen Teil dazu.«

Das Elternvisum gibt es noch in einer anderen Version, welches die »*Contributory Fee*« nicht enthält. Hier hängen inzwischen aber so viele Anträge in der Warteschleife, dass sich die Bearbeitungszeit inzwischen auf astronomische 31 Jahre aufgestaut hat. Klar, diese Wartezeiten machen es quasi unbrauchbar.

Das Visum, das hingegen am praktischsten für die meisten Einwanderer ist, nennt sich »*TSS Visa*«. Das steht für »*Temporary Skill Shortage*« und ist für die meisten Berufe auf der australischen *Skilled Occupation List* verfügbar. Dieses **Firmensponsoring** ist für viele Leute die einfachste oder sogar einzige realistische Möglichkeit, nach Australien einzuwandern. Bei diesem Visum braucht man ein konkretes Jobangebot von einem in Australien ansässigen Unternehmen. Dieses muss zum einen nachweisen, dass es für die Tätigkeit keinen passenden Australier mit den gesuchten Fähigkeiten gefunden hat. Bevor es losgehen kann, muss die Firma durch die Behörden auch erst noch offiziell zum zugelassenen Sponsor ernannt werden (falls sie es nicht schon ist). Hierbei wird überprüft, ob das Unternehmen selbst alle notwendigen Voraussetzungen erfüllt, um überhaupt Sponsor sein zu dürfen. Danach gehen sowohl der Bewerbungsprozess als auch die Bearbeitung relativ schnell. Normalerweise wird das Visum nach 30 bis 40 Tagen erteilt. In Ausnahmefällen kann es bis zu sieben Monate dauern. Es hat aber einen kleinen Haken: Sollte man als Arbeitnehmer aus irgendwelchen Gründen seinen Job verlieren, hat man nur drei Monate Zeit, einen neuen (inklusive Sponsoring) zu finden. Gelingt das nicht, verfällt auch die Arbeits- und Aufenthaltsgenehmigung und man muss das Land verlassen.

Wer jetzt neugierig geworden ist, ob der eigene Beruf in der australischen Berufe-Liste aufgeführt ist, kann das unter diesem Link prüfen: https://immi.homeaffairs.gov.au/visas/working-in-australia/skill-occupation-list

FUN FACT

Einige Visa können nur »*offshore*«, also außerhalb von Australien, beantragt werden. Deshalb kommt es manchmal zu absurden Situationen, dass Menschen nach Bali oder nach Neuseeland fliegen, nur um von dort den Visaantrag für Australien einzureichen.

STAAT & GESELLSCHAFT

28

Stimmt es, dass in eurem Wahlsystem keine Stimme verloren geht?

JA, DENN IN AUSTRALIEN GIBT ES DIE SOGENANNTE PRÄFERENZWAHL. HIERBEI NUMMERIERT MAN ALLE ZUR WAHL STEHENDEN KANDIDATEN DURCH. WENN DER EIGENE FAVORIT AUSSCHEIDET, FÄLLT DIE STIMME AN DENJENIGEN AUF DEM ZWEITEN PLATZ.

Seit 1924 besteht in Australien **Wahlpflicht**. Leute, die nicht wählen gehen, müssen mit einer Geldstrafe rechnen, außer sie haben für ihr Fernbleiben einen berechtigten Grund. Dadurch liegt die Wahlbeteiligung konstant bei über 90 Prozent und es gibt kaum »Nichtwähler«.

Zur Wahl steht, wie bei uns, eine vielfältige Auswahl an großen, doch auch sehr kleinen Parteien. Das Wahlsystem funktioniert aber völlig anders, als wir es gewohnt sind: Im sogenannten **Präferenzwahlsystem** (*preferential voting*) gibt man seine Stimme nicht nur einem einzelnen Kandidaten. Stattdessen nummeriert man alle zur Wahl stehenden Personen durch, ganz nach persönlicher Präferenz. Neben seinem Favoriten trägt man eine »1« ein, eine »2« neben dem Kandidaten zweiter Wahl und so weiter.

Die Auszählung läuft dann folgendermaßen ab: Zuerst werden alle Erststimmen gezählt. Hat dann niemand die **absolute Mehrheit**, also über 50 Prozent der Stimmen, scheidet der Kandidat mit den wenigsten Stimmen aus. Die Stimmen der Wähler, die den Ausscheider als Favoriten hatten, werden nun entsprechend ihrer Zweitpräferenz neu verteilt. Dieser Vorgang wiederholt sich, bis ein Kandidat die absolute Mehrheit erreicht hat.

Dadurch bleiben die Stimmen aller Wähler so lange erhalten, bis ein Sieger feststeht. Das ist vor allem ein Vorteil für kleine Parteien, denn das taktische Wählen großer Parteien kommt dadurch kaum vor. Auch wenn der Wunschkandidat nicht gewinnt, beeinflusst die eigene Stimme auf jeden Fall das Endergebnis. So geht praktisch keine Stimme verloren – jede Meinung zählt bis zum Schluss.

STAAT & GESELLSCHAFT

29

Sind in Australien Alkohol und Zigaretten nur etwas für Besserverdiener?

IN AUSTRALIEN SIND ALKOHOL UND ZIGARETTEN ECHTE LUXUSGÜTER. HOHE STEUERN UND STRIKTE REGELN FÜR DEN VERKAUF SOLLEN DEN KONSUM EINSCHRÄNKEN.

Wer in Australien zum ersten Mal vor dem Supermarktregal steht und sich fragt, wo denn das Bier geblieben ist, lernt schnell: Alkohol gibt's hier nicht einfach in der Getränkeabteilung direkt neben Softdrinks, Saft und Wasser. Stattdessen muss man in einen separaten »*bottle shop*« – so heißen die Läden, in denen Alkohol verkauft werden darf. Das wirkt auf uns Europäer erstmal ungewöhnlich, und auch beim Preis müssen wir dann zwei Mal hinsehen. Ein Sechserpack Bier kostet ungefähr 25 Australische Dollar, was umgerechnet etwa 15 Euro sind. Für das gleiche Geld bekommt man in Deutschland normalerweise einen gesamten Kasten (20 Flaschen).

Besonders teuer wird es auch für Raucher: Eine Schachtel Zigaretten kostet umgerechnet gerne mal über 30 Euro.

Der Grund dafür ist, dass Australien hohe **Verbrauchssteuern** auf Tabak und Alkohol erhebt, mit dem Ziel, deren Konsum einzudämmen. Gesundheitspolitik wird hier aktiv über den Geldbeutel gesteuert, und das nicht zu knapp. Besonders Tabak wird jedes Jahr mit geplanten Steuererhöhungen teurer gemacht. Zusätzlich sind Zigarettenpackungen seit Jahren unattraktiv gestaltet – mit Schockbildern, Warntexten und ohne Markenlogos. Ein einheitliches, olivgrünes Verpackungsdesign sorgt dafür, dass der Griff zur Zigarette auch optisch keinen Spaß mehr macht.

FUN FACT

Der Farbton der Zigarettenschachteln ist so hässlich, dass er von Designern als »Olivgrün des Grauens« bezeichnet wurde.

STAAT & GESELLSCHAFT

30

Warum besauft ihr euch ständig, aber verbietet euren Ureinwohnern den Zutritt zu Pubs?

WÄHREND SICH JUNGE LEUTE IN GROSSSTÄDTEN HEMMUNGSLOS BETRINKEN DÜRFEN, GELTEN FÜR DIE UREINWOHNER DES LANDES OFT MEIST GANZ ANDERE, STRENGERE REGELN.

Wenn Australier feiern, dann meist nicht leise. Schon an einem normalen Freitagabend kann man beobachten, wie junge Menschen mit zwei Sixpacks unter dem Arm Richtung Strand, Gartenparty oder Kneipenviertel ziehen. Gerne auch schon um 16 Uhr. Wer mit deutschen Maßstäben nach einem gemütlichen Feierabendbier sucht, erlebt in Australien oft einen Kulturschock. Hier scheint es häufig nur zwei Zustände zu geben: nüchtern oder betrunken. Alkohol wird generell anders gesehen und auch anders konsumiert, als wir das gewohnt sind. Während man sich bei uns in der Kneipe um die Ecke auch gerne einfach mal auf ein gemütliches Feierabendbier mit Freunden trifft, und es dann tatsächlich bei diesem einen Getränk belässt, scheint das in Australien nicht möglich zu sein. Als Außenstehender hat man oft das Gefühl, dass vor allem junge Australier beim Thema Alkohol keine Limits kennen und Bier nicht wie bei uns mit »Gemütlichkeit« verbunden wird, sondern nur mit einem Wort: **Party**.

Die australische Regierung versucht seit Jahren, der negativen Begleiterscheinungen dieser Trinkkultur Herr zu werden. In vielen Großstädten wurden deshalb sogenannte »*no drink zones*« eingerichtet. In diesen Bereichen ist das Trinken von Alkohol in der Öffentlichkeit streng verboten. Wer mit einer offenen Flasche Wein oder einem Bier auf einer Parkbank erwischt wird, muss mit Bußgeld von 200 bis 800 Dollar rechnen (je nach Staat). Der Verkauf von Alkohol ist stark reguliert: Nur in speziellen »*bottle shops*« und häufig mit Alterskontrollen, die selbst Menschen über 40 noch zur Vorlage ihres Ausweises zwingen, kann man alkoholische Getränke kaufen.

Doch während diese Regeln für alle gelten, ist eine andere Realität weitaus weniger gleichberechtigt: Nämlich die, mit der viele *Aboriginal People* zur Zeit der Kolonialisierung in ihren *communities* konfrontiert wurden. Alkohol spielte auch dort eine Rolle, meist aber keine besonders positive. Viele der Ureinwohner haben durch die Kolonialisierung nicht nur Land, Rechte und Sprache verloren, sondern wurden auch gezielt mit Alkohol »gefügig« gemacht. In der Frühzeit der Besiedlung durch Briten wurde Alkohol absichtlich als »**Zahlungsmittel**« missbraucht, um indigene Menschen **abhängig** zu machen und so leichter die eigenen Interessen durchsetzen zu können. Wie der indigene Aktivist Noel Pearson es treffend ausdrückte: »*Our people weren't just given grog. We were deliberately made addicted to it.*« (Unserem Volk wurde Alkohol nicht nur gegeben – man hat uns absichtlich süchtig gemacht.)

Der Plan der Briten ging auf und es gab immer mehr Ureinwohner, die dem Alkohol verfallen waren. Dadurch wiederum gab es über die Jahre öfter Probleme mit eben diesen Leuten in Pubs und Bars. Statt das Problem aber von Grund auf anzugehen, beschloss Australien absurderweise, die *Aboriginal People* einfach gesetzlich vom Alkoholkonsum an öffentlichen Orten auszuschließen. Dies war Jahrzehntelang der Fall, bevor das Gesetz dann irgendwann gekippt wurde. Trotzdem gibt es aber auch heute noch Orte, an denen für indigene Menschen andere Regeln gelten. In sogenannten »*dry communities*«, also alkoholfreien Gemeinden, sind der Verkauf, Besitz und Konsum von Alkohol entweder komplett verboten oder extrem eingeschränkt. Manche dieser Regelungen wurden von den indigenen *communities* selbst beschlossen, andere im Rahmen staatlicher Eingriffe durchgesetzt, etwa während der umstrittenen »*Northern Territory Intervention*« im Jahr 2007. Diese Maßnahme sollte dem Schutz von Frauen und Kindern dienen, wurde jedoch ohne Rücksprache mit den betroffenen Gemeinden beschlossen.

Die Professorin und indigene Anthropologin Marcia Langton bringt es auf den Punkt: »*There's a moral panic about alcohol in Aboriginal communities, but no panic about alcohol in white Australia.*« (Es herrscht Panik über den Alkoholkonsum in indigenen Gemeinschaften, aber keine Panik über den Alkoholkonsum im weißen Australien.)

Noch gravierender wird es, wenn man sich anschaut, wie sich diese Haltung im Alltag manifestiert. In Outback-Städten wie Alice Springs oder Tennant Creek gibt es Pubs, an denen Türschilder hängen mit der Aufschrift: »*No service without residential ID*« – also »Kein Zutritt ohne ortsansässigen Wohnsitznachweis«. Klingt neutral, bedeutet in der Praxis jedoch oft: keine *Aboriginal People*. Denn viele davon leben außerhalb der Stadtgrenzen in sogenannten »*town camps*«, informellen Siedlungen ohne offizielle Adresse.

Ein Kneipenbesitzer aus Alice Springs sagte in einem anonymen Interview mit dem Fernsehsender ABC: »*We don't ban them because they're Aboriginal – we ban them because we've had problems. But yeah, it's mostly them.*« (Wir verbieten ihnen nicht den Zutritt, weil sie Indigene sind – sondern weil es Probleme gab. Meistens halt mit ihnen.)

Dazu kommt, dass Polizeikontrollen und Bußgelder alles andere als gleichmäßig verteilt sind. Studien von Amnesty International und der australischen Menschenrechtskommission zeigen, dass indigene Menschen überproportional oft wegen **Trunkenheit** in der Öffentlichkeit festgenommen werden – auch wenn das Verhalten nicht aggressiv war. Ein weißer Tourist, der barfuß mit Bierdose an der Promenade entlangtorkelt, wird meist höflich gebeten, nach Hause zu gehen. Ein Indigener in derselben Situation? Er wird nicht selten in Handschellen abgeführt.

Junge *Aboriginal People* in Australien haben zwar formal die gleichen Rechte wie andere junge Australier, doch in der Praxis gibt es gravierende Unterschiede in der Behandlung und Chancengleichheit. Sie sind häufiger als ihre nicht-indigenen Altersgenossen von Diskriminierung betroffen, was zu sehr unterschiedlichen Lebensrealitäten führt.

Kinder können in Australien nämlich bereits ab **zehn Jahren** strafrechtlich verfolgt und inhaftiert werden – eine der niedrigsten Altersgrenzen weltweit. Leider sind junge *Aboriginal People* im Strafrechtssystem immer noch massiv überrepräsentiert und werden häufig härter und schneller bestraft als nicht-indigene Kinder. Oft liegt es an Vorurteilen im Justizsystem. Studien zeigen, dass indigene Kinder öfter und schneller für kleine Delikte im Gefängnis landen. Sie bekommen seltener alternative Maßnahmen angeboten.

Genau gesagt werden *Aboriginal*-Kinder 22 bis 24 Mal häufiger inhaftiert als nicht-indigene Kinder. Sie erleben also häufiger Polizeigewalt, werden öfter suspendiert oder aus der Schule ausgeschlossen und geraten dadurch schneller in Kontakt mit dem Strafrechtssystem. Australien steht für viele dieser Praktiken international in der Kritik. Verschiedene Menschenrechtsorganisationen sehen es als Verstoß gegen das Kinderrecht und gegen das **Diskriminierungsverbot**.

Eine frühe Inhaftierung führt bei Kindern leider auch häufig dazu, dass die Schulausbildung abgebrochen wird. Daraus wiederum ergeben sich langfristige Nachteile für die betroffenen Jugendlichen und ihre Familien. Inzwischen gibt es Forderungen, das Mindestalter für die Strafmündigkeit auf 14 Jahre anzuheben. Bislang ist dies jedoch nur in einem winzigen Teil von Australien, nämlich dem Australian Capital Territory, in dem auch die Hauptstadt Canberra liegt, passiert.

GOOD TO KNOW

Rund zwei Drittel (etwa 65 Prozent) der Kinder und Jugendlichen in australischen Jugendstrafanstalten sind Indigene – obwohl sie nur etwa sechs bis sieben Prozent der Bevölkerung in dieser Altersgruppe ausmachen.

Der Kontrast könnte also eigentlich gar nicht größer sein: Auf der einen Seite die überwiegend weiße Gesellschaft, welche das Betrinken fast schon als Volkssport zelebriert. Auf der anderen Seite indigene *communities*, die mit **Sondergesetzen** und gesellschaftlicher Ausgrenzung leben müssen.

Ganz langsam sieht man aber auch, dass sich an einigen Stellen zwischen den *Aboriginal People* und ihren weißen Landesgefährten zarte Bande knüpfen. Denn die Mehrheit junger indigener Menschen (fast 85 Prozent) lebt heute in Städten oder regionalen Zentren, nicht mehr in traditionellen Stammesgemeinschaften im Outback. In den Metropolen und Vororten sind sie genauso Teil des modernen Lebens wie andere Australier und besuchen reguläre Schulen. Es ist nur so, dass sie von der absoluten Anzahl her unterlegen sind und man sie daher beim Schlendern durch australische Innenstädte eher selten sieht.

GOOD TO KNOW

Trotz der Urbanisierung machen Indigene in den Großstädten nur etwa 2,2 Prozent der Stadtbevölkerung aus.

Generell muss man sagen, dass Australien heutzutage an vielen Ecken tatsächlich versucht, die Themen rund um die Kultur, Stämme und Lebensweise der indigenen Bevölkerung aufzuarbeiten und seinen Ureinwohnern den entsprechenden Respekt zu zollen. Nach außen hin sichtbar passiert das aber hauptsächlich in den großen, liberalen Städten. Im Outback und in kleinen, ländlichen Regionen sieht es oftmals noch ganz anders aus.

STAAT & GESELLSCHAFT

31

Was hat es mit den »stolen generations« auf sich?

ALS »*STOLEN GENERATIONS*« WERDEN UREINWOHNER BEZEICHNET, DIE ÜBER JAHRZEHNTE HINWEG ALS KINDER SYSTEMATISCH VON IHREN FAMILIEN GETRENNT WURDEN. SIE SOLLTEN UMERZOGEN WERDEN MIT DEM ZIEL, IHRE KULTUR AUSZULÖSCHEN.

Jedes Land hat auch seine dunklen Kapitel. Für Australien ist eines davon die Art und Weise, wie weiße Menschen aus dem Westen während ihrer Besiedelung des Kontinents mit den Ureinwohnern Australiens und vor allem mit deren Kindern umgingen. Viele davon wurden ab 1910 bis in die 1970er-Jahre einfach ihren Familien entrissen. Insgesamt wurden in dieser Zeit Zehntausende Kinder verschiedenster Aborigine-Stämme wortwörtlich **geraubt**, da dies gegen den Willen der Familien geschah. Dies prägt bis heute den Begriff der »*stolen generations*« (geraubte Generationen).

In der damaligen Zeit war man der Meinung, dass man diese Kinder an die westliche Lebensweise anpassen müsse, damit sie sich möglichst gut in die weiße Gesellschaft integrieren können. Dass weder die Eltern der Kinder noch die Kinder selber dies wollten, zählte nicht. Die Behörden ließen die jungen Indigenen aus den Gemeinschaften holen, meist mit der offiziellen Begründung, dass es um das Kindeswohl ginge. Tatsächlich war dies aber nur ein Deckmantel und es wurde einfach mit rabiaten Mitteln versucht, die Kulturen der Ureinwohner zu unterdrücken und für immer verschwinden zu lassen.

Die Kinder kamen in Heime oder zu weißen Pflegefamilien, in denen sie weder ihre ursprüngliche Sprache sprechen noch ihre Kultur leben durften. Sehr jungen Indigenen war es oft nicht einmal erlaubt zu wissen, woher sie wirklich kamen. Viele dieser Kinder wurden schlecht behandelt und ihnen wurde klar gemacht, dass sie sich für ihre Herkunft zu schämen hätten. Manche der Betroffenen wussten Jahrzehnte lang nicht, dass sie Geschwister hatten oder wer ihre

Eltern waren. Ganze Familien wurden so systematisch auseinandergerissen.

Der Begriff *stolen generations* beschreibt damit nicht nur den physischen Akt des Wegnehmens, sondern auch den **kulturellen Verlust**, den viele *Aboriginal*-Gemeinschaften durch dieses Vorgehen erlitten haben. Im Jahr 2008 hat sich die australische Regierung erstmals offiziell dafür entschuldigt. In einer bewegenden Rede sagte der damalige Premierminister Kevin Rudd: »Heute ehren wir die indigenen Völker dieses Landes – die ältesten fortbestehenden Kulturen der Menschheitsgeschichte. Wir gedenken ihrer Misshandlung in der Vergangenheit. Insbesondere gedenken wir der *stolen generations* – dieses unrühmliche Kapitel in der Geschichte unseres Landes. Nun ist es an der Zeit, dass die Nation eine neue Seite in der Geschichte Australiens aufschlägt: Indem sie das Unrecht der Vergangenheit berichtigt, kann sie mit Zuversicht in die Zukunft blicken. Wir entschuldigen uns für die Gesetze und die Politik aufeinanderfolgender Parlamente und Regierungen, durch die unseren australischen Mitbürgern tiefes Leid, Schmerz und Verlust zugefügt wurden. Insbesondere entschuldigen wir uns dafür, dass die Kinder der *Aboriginal People* und der Torres-Strait-Insulaner aus ihren Familien, ihren Gemeinschaften und ihrem Land entfernt wurden. Wir entschuldigen uns für den Schmerz, das Leid und die Verletzungen dieser gestohlenen Generationen, ihrer Nachkommen und ihrer zurückgelassenen Familien. Wir entschuldigen uns bei den Müttern und Vätern, den Brüdern und Schwestern für das Auseinanderbrechen von Familien und Gemeinschaften. Und wir entschuldigen uns für die Demütigung und Erniedrigung, die einem stolzen Volk und einer stolzen Kultur zugefügt wurden. *We say: Sorry.*«

Diese Rede war ein Meilenstein in der australischen Geschichte und wurde nicht nur von vielen Betroffenen, sondern auch der breiten Öffentlichkeit mit großer Zustimmung aufgenommen. Auf diese Art offizielle Entschuldigung hatten viele bis dahin jahrzehntelang gewartet. Der 26. Mai wurde damit zum *National Apology Day.*

Um den Betroffenen die Suche nach ihren Familien zu erleichtern, wurden bereits 1980 die Organisation *Family Tracing* und die Agentur *Link-Up* gegründet. Beide bieten bis heute landesweit Unterstützung bei der Familienzusammenführung. Dabei wird mit zahlreichen Archiven zusammengearbeitet, um verstreute oder schwer zugängliche Akten zu finden. Nicht nur direkt Betroffene, sondern auch ihre Kinder können die Hilfe bei der Suche in Anspruch nehmen.

Die Folgen der *stolen generations* sind bis heute spürbar. Viele Betroffene kämpfen immer noch mit Identitätsfragen, psychischen Belastungen oder versuchen, ihre Familien wiederzufinden. Auch in Filmen, Literatur oder in der Musik indigener Künstler wird das Thema immer wieder thematisiert in dem Versuch, es weiter aufzuarbeiten.

GOOD TO KNOW

Etwa ein Drittel der erwachsenen Indigenen in Australien sind heute noch direkt oder als Nachkommen von den Folgen der *stolen generations* betroffen. Bei den über 50-Jährigen ist etwa jeder Fünfte einer der früheren entrissenen Kinder.

STAAT & GESELLSCHAFT

32

Schämt ihr euch ein bisschen, wenn ihr den »Australia Day« feiert?

DER *AUSTRALIA DAY* WIRD AM 26. JANUAR GEFEIERT UND ERINNERT AN DIE ANKUNFT DER »*FIRST FLEET*« IN SYDNEY IM JAHR 1788. WÄHREND VIELE AUSTRALIER DIESEN TAG ALS NATIONALFEIERTAG BEGEHEN, ERINNERT ER DIE INDIGENE BEVÖLKERUNG AN EINE UNSCHÖNE VERGANGENHEIT.

Städte und Vororte sind an diesem Tag ein Meer aus Blau. Straßenzüge, Autos, Vorgärten und sogar die Australier selber schmücken sich mit der australischen Flagge. In den Parks wird gegrillt und in den Großstädten gibt es organisierte Feuerwerke zu bestaunen. Auf den ersten Blick könnte man denken, dass der *Australia Day* für alle Australier ein Tag ist, an dem man mit viel **Nationalstolz** sein Land feiert. Ganz so einfach ist es aber nicht. Während der 26. Januar für viele ein Feiertag ist, der Australien als Nation feiert, steht er für andere, insbesondere die *Aboriginal People*, für viel Leid und mehr oder weniger den Verlust des eigenen Landes.

Der *Australia Day* erinnert an den Tag, an dem Captain Arthur Phillip mit der »*First Fleet*« im heutigen Sydney landete und dort die britische Flagge hisste. Dies war der offizielle Beginn der **Kolonialisierung** des Kontinents. Doch anders als damals häufig dargestellt, war Australien zu diesem Zeitpunkt keineswegs komplett unbewohnt und auch kein »Niemandsland«. Die indigenen Völker lebten bereits seit über 60.000 Jahren auf dem Kontinent und hatten komplexe Gesellschaften, Sprachen und Traditionen entwickelt.

Mit der Ankunft der Europäer begann eine Zeit des Landraubs, der Gewalt und der systematischen Unterdrückung der indigenen Völker. Die britische Krone erklärte Australien zur »*Terra Nullius*«, einem Land, das niemandem gehörte und somit in Besitz genommen werden durfte. Dies diente als Rechtfertigung für die Enteignung der *Aboriginal People*, die in den folgenden Jahrzehnten unter Kriegen, Massakern und Zwangsumsiedlungen litten.

Für viele nicht-indigene Australier ist der 26. Januar ein Tag des Nationalstolzes, ähnlich wie der 4. Juli in den USA. Doch für indigene *communities* markiert er den Beginn der Kolonialherrschaft und die damit einhergehende kulturelle Zerstörung und Enteignung von Rechten. Aus diesem Grund wird der Tag von vielen Indigenen als »*Invasion Day*« oder »*Survival Day*« bezeichnet.

Jedes Jahr gibt es daher am *Australia Day* in vielen Städten wie Sydney, Melbourne oder Brisbane auch immer wieder Proteste und Gedenkveranstaltungen. Demonstranten fordern eine Anerkennung der indigenen Perspektive und ein Umdenken in Bezug auf den Feiertag.

In den letzten Jahren gab es immer wieder Debatten darüber, ob Australien nicht eigentlich einen neuen Nationalfeiertag braucht. Einen, der alle Australier einschließt.

Ein Alternativvorschlag ist der 1. Januar, da dies das Datum ist, an dem Australien 1901 offiziell zum unabhängigen *Commonwealth* wurde. Andere Leute schlagen den 27. Mai vor, den Jahrestag, an dem 1967 indigenen Australiern erstmals Bürgerrechte gewährt wurden.

Bisher gibt es jedoch keinen Konsens über eine Änderung des Datums. Vor allem konservative Politiker und Organisationen lehnen eine Verlegung ab und argumentieren, dass der *Australia Day* ein fester Bestandteil der nationalen Identität sei.

FUN FACT

Ein Hotel in Brisbane feiert den *Australia Day* auf seine ganz eigene Art und Weise: mit einem Kakerlakenrennen. Teilnehmer können entweder einfach ihre eigene Kakerlake mitbringen oder sich vor Ort für ein paar Dollar eine »Rennkakerlake« kaufen.

Australien ist und bleibt in dieser Debatte gespalten. Während einige Bürger den Tag nach wie vor als unpolitisches Fest betrachten, wächst die Zahl derjenigen, die sich kritisch mit seiner Bedeutung auseinandersetzen. Einige Städte, darunter Fremantle in Westaustralien, haben ihre offiziellen Feierlichkeiten bereits auf einen anderen Tag verlegt oder abgesagt.

Es gibt inzwischen auch Unternehmen, die auf die Debatte reagieren und sich positionieren. So erlaubt die australische Supermarktkette Woolworths ihren Mitarbeitern, die diesen Tag nicht feiern wollen, am *Australia Day* einfach ganz normal zu arbeiten. Stattdessen darf man sich dann einen anderen Tag zum Ausgleich freinehmen.

Traditionell werden am *Australia Day* außerdem viele neue Menschen **eingebürgert**. Einige Kommunen haben aber inzwischen aus Protest damit aufgehört und verleihen die Staatsbürgerschaft lieber an anderen Tagen.

Ob der *Australia Day* in seiner jetzigen Form bestehen bleibt oder irgendwann geändert wird, ist ungewiss. Klar ist aber: Der 26. Januar ist für viele indigene Australier kein Grund zum Feiern.

STAAT & GESELLSCHAFT

33

Warum ist das Verhältnis zwischen Ureinwohnern und nicht-indigenen Australiern immer noch so schwierig?

JUNGE AUSTRALIER WERDEN IN DER SCHULE FÜR GESCHICHTE UND KULTUR DER *ABORIGINAL PEOPLE* SENSIBILISIERT, ÄLTEREN GENERATIONEN FEHLT DIESE PERSPEKTIVE. DAS FEHLENDE WISSEN SCHLÄGT SICH OFT IN EINEM MANGEL AN MITGEFÜHL NIEDER.

Die Gesamtsituation ist komplex. Zum einen ist es den indigenen Völkern nicht zu verdenken, dass gegenüber der weißen Bevölkerung immer noch offene Wunden da sind. Ihre Geschichte in Australien ist geprägt von Enteignung und der Zwangsanpassung an eine fremde Gesellschaft. Auf der anderen Seite wächst heute in Australien eine neue Generation heran, die deutlich mehr über die Geschichte und Kultur der Ureinwohner lernt als ihre Eltern und Großeltern. Das liegt vor allem am *Australian Curriculum*, ein nationaler Lehrplan, der 2010 eingeführt wurde und sicherstellen soll, dass alle jungen Australier – unabhängig davon, in welchem Bundesstaat sie leben – die gleichen Lehrinhalte vermittelt bekommen. Seitdem ist es verpflichtend, dass Schulen **indigene Perspektiven** und Themen in mehrere Fächer integrieren. Nicht nur im Fach *History* hat man als Schüler Berührungspunkte mit dem Thema, sondern auch in *English*, *Civics and Citizenship*, *Geography* und sogar in Kunst.

Dabei geht es nicht nur um trockene Daten oder historische Ereignisse, sondern um die Vermittlung eines respektvollen Umgangs mit allen Themen rund um die Kolonialisierung. Die Schüler lernen, warum Menschen der *stolen generations* auch heute noch traumatisiert sein können, und sie bekommen die Bedeutung heiliger Stätten wie dem Uluru im Zentrum des Landes beigebracht.

Um diese Inhalte eindrucksvoll näher zu bringen, besuchen oft **Stammesälteste** der *Aboriginal People* die Schulen und beschreiben jungen Australiern das spirituelle Verhältnis ihrer Stämme zum Land und der Natur. So auch ein *Elder*, der eine Schule in Melbourne besucht:

»Die *dreamtime* – die **Traumzeit** – geben wir bereits seit vielen Generationen an unsere Nachfahren weiter. Sie ist für uns Indigene nicht einfach nur eine alte Geschichte, sondern die Zeit, in der alles begann und in der alles miteinander verbunden ist. Die Menschen, die Tiere, die Pflanzen, das Land und der Himmel. Vor langer Zeit, als die Welt noch ganz jung war, schlief das Land. Es war still und dunkel, nichts bewegte sich. Doch dann erwachten die großen Schöpferwesen, die wir Ahnenwesen nennen. Sie kamen aus der Erde, aus dem Himmel, aus dem Wasser. Manche hatten die Gestalt von riesigen Schlangen, andere waren Vögel, Kängurus oder Echsen. Diese **Ahnenwesen** reisten durch das Land. Überall, wo sie gingen, sangen sie Lieder. Mit ihren Liedern und Geschichten formten sie Berge, Flüsse, Bäume und Tiere. Sie gaben jedem Ding seinen Platz und seine Aufgabe. Die Regenbogenschlange zum Beispiel schlängelte sich durch das Land und schuf die Flüsse und Wasserlöcher. Die Känguru-Ahnen hüpften über die Ebenen und hinterließen Spuren, die zu Wegen wurden. Die *dreamtime* ist immer noch da, in den Steinen, im Wind, im Wasser und in unseren Herzen. Unsere Geschichten erzählen wir weiter, damit wir nie vergessen, wie alles entstanden ist und wie wir mit dem Land verbunden sind. Jeder von uns hat eine Verantwortung, auf das Land zu achten, die Tiere zu respektieren und die Geschichten lebendig zu halten.«

Die **Wissensvermittlung** in Schulen hat dazu geführt, dass viele junge Australier heute deutlich aufgeklärter und reflektierter mit der Geschichte ihres Landes umgehen. In älteren Generationen war dieses Wissen nicht Teil des Unterrichts und wurde oft sogar gezielt ausgelassen. Bis in die 1980er-Jahre wurde die australische Geschichte in vielen Schulen einseitig erzählt, und die Kolonialisierung galt als »Besiedelung«. *Aboriginal People* kamen kaum vor, und wenn, dann meist in stereotypen Rollen. Kein Wunder also, dass vor allem ältere Leute immer noch Vorurteile oder schlicht Unwissen über die indigene Bevölkerung mit sich tragen. Wer nie gelernt hat, warum ein Ort wie Uluru, der riesige rote Felsen in der Mitte des Landes, für Indigene heilig ist, versteht vielleicht nicht, warum das Besteigen respektlos sein kann.

Dass eine langsame Änderung und ein Umdenken im gesamten Land stattfinden, merkt man, wenn man auf die Namen einiger australischer Wahrzeichen schaut. Der Name des weltbekannten Felsens, der früher offiziell »Ayers Rock« hieß, wurde im Jahr 2002 schließlich in den ursprünglichen, indigenen Namen »Uluru« geändert. Die **Umbenennung** war Teil einer größeren Bewegung in Australien zur Anerkennung und Rückgabe kultureller Rechte an die *Aboriginal Communities*, insbesondere an die Anangu, das indigene Volk, dem Uluru seit jeher als heiliger Ort gilt.

Der Name »Ayers Rock« stammte aus dem Jahr 1873, als die Briten den Felsen zu Ehren von Sir Henry Ayers, einem damaligen Premier, benannten.

GOOD TO KNOW

Die berühmte rote Farbe des Uluru entsteht durch Eisen im Gestein, das an der Oberfläche rostet. Je nach Tageszeit und Lichteinfall kann der Fels von leuchtend rot bis violett oder grau erscheinen.

Mit der Umbenennung wurde auch ein Zeichen gesetzt: Indigene Ortsnamen sollen nicht nur erhalten, sondern sichtbar gemacht werden. Seitdem ist es in Australien üblich geworden, bei vielen geografischen Orten die ursprünglichen Namen wieder offiziell zu verwenden oder zumindest ergänzend zu nennen.

Ein weiterer wichtiger Meilenstein kam 2019, als nach jahrelangen Diskussionen das Besteigen des Uluru endlich offiziell verboten wurde. Einige Leute würden sagen, dies war ein längst überfälliges Zeichen des Respekts, denn andersherum würde sicherlich auch niemand wollen, dass man in Kirchen auf dem Altar herumklettern darf. Tatsächlich gab es, was das betrifft, bei vielen Besuchern bis dahin aber überraschend wenig Einsicht.

Vor dem Verbot wurde im Besucherzentrum direkt vor dem Uluru nur eindringlich darum gebeten, den riesigen Stein als **Kulturstätte** nicht zu besteigen. In ausführlichen und anschaulichen Erklärungen wurde die zutiefst spirituelle Bedeutung des Ortes ausgeführt und versucht, an den »*common sense*« (den gesunden Menschenverstand) und das Einfühlungsvermögen der Besucher zu appellieren. Leider oft vergebens. Viele Touristen und nicht zuletzt auch viele australische Staatsbürger ignorierten den Appell. Auf die Frage, warum man auf die Besteigung nicht verzichten könne, antwortete eine rüstige australische Dame in ihren Sechzigern in einem Interview vor Ort fast schon empört: »Na hören Sie mal! Ich bin Australierin und ich lasse mir den Aufstieg nicht verbieten. Es ist genauso mein Land und deshalb kann ich hier machen, was ich will.«

Ein schönes Beispiel, das den tiefsitzenden Mangel an Empathie und kulturellem Mitgefühl vor allem bei älteren Generationen offenbart.

Doch das **Aufstiegsverbot** für den Felsen hatte auch sicherheitstechnische Gründe, da es davor immer wieder zu Unfällen gekommen war. Der steile Weg war nur durch ein dünnes Seil gesichert, an dem man sich mit einer Hand beim Aufstieg festhalten konnte. Es gab aber keinerlei Sicherungsmöglichkeiten mit Gurt und Seil, wie es zum Beispiel oft bei uns in den Alpen der Fall ist.

GOOD TO KNOW

Zwischen 1951 und 2019 starben mindestens 37 Menschen bei dem Versuch, den Uluru zu besteigen.

Sowohl die Umbenennung des roten Felsens im Herzen des Landes als auch die Verhängung des Besteigungsverbots sind wichtige Schritte auf dem Weg zu einer größeren kulturellen Anerkennung der Ureinwohner. Trotz schulischer Bildung zu dem Thema wird es aber sicherlich noch viele weitere Jahre dauern, bis die weißen Australier mit der indigenen Bevölkerung wirklich eins geworden sind. Dass es noch nicht so weit ist und wie schwer sich Australien mit dem Thema immer noch tut, hat sich erst wieder kürzlich gezeigt. Im Jahr 2023 kam es zu einer Abstimmung im »*Voice to Parliament*«-Referendum, ob die *Aboriginal People* offiziell als »erste Völker Australiens« in der Verfassung anerkannt werden sollten. Leider stimmten 60 Prozent der Abstimmungsberechtigten dagegen.

Dabei zeigt doch ein kurzer Blick nach »nebenan«, zum Nachbarn Neuseeland: Es geht auch ganz anders. Dort ist die Kultur der Māori (die Ureinwohner des Landes) heute integraler Bestandteil des Nationalgefühls. Ihre Sprache wird unterrichtet, ihre Tänze und Symbole sind sichtbar und werden von der gesamten Bevölkerung gelebt. Auch weiße Neuseeländer sind hier stolz auf ihre Ureinwohner und deren Kultur. Sehen kann man das zum Beispiel am berühmten Haka, einem Kriegstanz der Māori. Dieser wird zu Beginn von jedem Rugby-Spiel aufgeführt, auch bei internationalen *matches*, und alle Spieler, egal welcher Hautfarbe oder welchen Ursprungs, tanzen zusammen mit wild aufgerissenen Augen und herausgestreckten Zungen. Ein Tanz, der zeigt: Wir gehören zusammen. Australien, nimm dir doch mal ein Beispiel daran!

FUN FACT

Im Jahr 2023 versammelten sich im Eden Park in Auckland 6.531 Menschen, um gemeinsam den Haka-Tanz aufzuführen. Sie holten damit den Guinness-Weltrekord zurück nach Neuseeland, nachdem ihn zuvor Frankreich mit 4.028 Teilnehmenden gehalten hatte. Die Aktion war landesweit ein großes Ereignis und zeigte, wie sehr der Haka als Symbol für Zusammenhalt und nationale Identität gefeiert wird.

ALLTAG & MENTALITÄT

34

Euer Geld ist aus … Plastik?

AUSTRALIENS GELDSCHEINE BESTEHEN AUS KUNSTSTOFF, WAS SIE LANGLEBIG, FÄLSCHUNGSSICHER UND SOGAR WASCHMASCHINENFEST MACHT. UND AM WICHTIGSTEN: MAN KANN DAS GELD AUCH ZUM SURFEN MITNEHMEN, DA ES SOGAR IM NASSEN ZUSTAND NOCH BENUTZBAR IST.

Als deutscher Tourist staunt man nicht schlecht, wenn einem zum ersten Mal ein australischer Geldschein in die Hände fällt. Er fühlt sich im Vergleich zu unseren Euroscheinen ungewohnt glatt an. Wenn man versucht, ihn zu zerreißen, stellt man schnell fest: *no chance*. Die australischen Scheine sind nämlich **Polymerbanknoten** und aus einer Art Hightech-Kunststoff hergestellt. Das macht sie nicht nur wasserresistent, sondern auch extrem **fälschungssicher**. Der australische Dollar gilt damit als fortschrittlichste Währung der Welt.

Australien war das erste Land der Welt, das ab 1988 nach und nach vollständig auf Kunststoffgeld umgestellt hat, weil es im Gebrauch praktischer und langlebiger ist. Die Scheine sind UV-beständig, nahezu unzerstörbar und überleben auch eine Runde in der Waschmaschine, beim Surfen oder bei anderen beliebten Wassersportarten. Während Papiergeld zerknittern und aufweichen kann, bleibt das Plastikgeld formstabil und wenig anfällig für Pilze oder Keime. Ein weiterer Bonus ist, dass die Scheine sogar **schwimmen**, falls man sie im Meer oder Pool verliert, was in einem Land mit so viel Küste und einer Vielzahl an Pools nicht ganz unwichtig ist. Während herkömmliche Baumwollgeldscheine, die zum Beispiel in den USA, aber auch bei uns in Deutschland verwendet werden, nach durchschnittlich 1,5 Jahren ausgetauscht werden müssen, halten australische Polymernoten im Schnitt sieben bis zehn Jahre. Große Scheine wie die 100-Dollar-Note sogar bis zu 15 Jahre, da sie seltener verwendet werden.

Die Idee für das Kunststoffgeld entstand in den 1980er-Jahren in einer Zusammenarbeit der australischen Notenbank mit der *Commonwealth*

Scientific and Industrial Research Organisation (*CSIRO*), dem australischen Pendant zur Fraunhofer-Gesellschaft. Das vorrangige Ziel war es, Geld fälschungssicherer zu machen, denn zu dieser Zeit hatte man ein echtes Problem mit gefälschten Scheinen.

Die neuen Polymernoten enthielten durchsichtige Fenster, feine Hologramme und winzige Mikroprints. Bis heute sind sie selbst für Profi-Fälscher kaum zu kopieren. Inzwischen haben sich andere Länder wie Kanada, Neuseeland, Rumänien, das Vereinigte Königreich und Fidschi angeschlossen und ebenfalls Banknoten aus Kunststoff eingeführt.

FUN FACT

Für die Namensfindung der australischen Währung wurde ein öffentlicher Wettbewerb abgehalten. Es standen Vorschläge wie »*Kanga*«, »*Boomer*«, »*Emu*« oder »*Oz*« zur Wahl. Am Ende setzte sich aber doch der schlichte »Dollar« durch. Der Name wurde 1966 offiziell eingeführt. Davor war die Währung das »*Australian Pound*« (australisches Pfund).

Auf jedem australischen Geldschein finden sich heimische Tiere, Pflanzen oder besondere Persönlichkeiten. Die Auswahl der Motive spiegelt Australiens Entwicklung von der Kolonialzeit über die ersten Pioniere bis hin zur modernen, multikulturellen Gesellschaft wider.

5-Dollar-Note:

Auf der Vorderseite befindet sich König Charles III., der das britische Staatsoberhaupt und die parlamentarische Demokratie symbolisiert. Auf der Rückseite ist das Parlamentsgebäude in Canberra abgebildet und das dort zu sehende *Forecourt mosaic* – ein berühmtes Kunstwerk, das *dreamtime*-Geschichten indigener Völker zeigt.

10-Dollar-Note:

Auf der Vorderseite ist Dame Mary Gilmore zu sehen, eine bedeutende Schriftstellerin und Aktivistin, die sich für soziale Gerechtigkeit einsetzte. Die Rückseite zeigt Banjo Paterson, den berühmten Dichter und

Autor von »*Waltzing Matilda*«. Beide Persönlichkeiten stehen für die australische Literatur.

20-Dollar-Note:

Die Vorderseite zeigt Mary Reibey, die als ehemalige Sträflingsfrau zu einer erfolgreichen Unternehmerin wurde. Sie ist Symbol für Pioniergeist und Eigeninitiative. Auf der Rückseite ist Reverend John Flynn abgebildet, der Gründer des *Royal Flying Doctor Service*. Er steht für medizinische Versorgung im Outback und symbolisiert Hilfsbereitschaft und Innovation im ländlichen Australien.

50-Dollar-Note:

Auf der Vorderseite befindet sich David Unaipon, ein Erfinder, der von den *Aboriginal People* abstammt und außerdem Schriftsteller und Fürsprecher für indigene Rechte ist. Die Rückseite zeigt Edith Cowan, die erste Frau im australischen Parlament, die für Gleichberechtigung, Bildung und gesellschaftlichen Fortschritt steht.

100-Dollar-Note:

Die Vorderseite zeigt Nellie Melba, eine weltberühmte Opernsängerin, die Australiens Kultur repräsentiert (und nach der das Dessert »Pfirsich Melba« benannt wurde). Auf der Rückseite ist Sir John Monash abgebildet, ein Sohn jüdischer Einwanderer, der als General im Ersten Weltkrieg durch seine innovative Kriegsführung hervorstach. Seine Priorität lag auf dem Schutz seiner Soldaten, und er setzte sich stark für die Integration und Weiterbildung der Heimkehrer nach dem Krieg ein. Bis heute ist er Symbol für Menschlichkeit und Führungsstärke, aber auch Innovationskraft.

Die australischen Geldscheine sind außerdem nicht nur bunt, sondern auch unterschiedlich groß und enthalten tastbare Prägungen. Ein System, das sich ebenso bei unseren Euro-Banknoten wiederfindet. So können Menschen mit Sehbehinderungen die Geldscheine leichter auseinanderhalten.

35

Habt ihr überhaupt ein Militär? Und wenn ja – was macht das den ganzen Tag?

AUSTRALIEN BESITZT NICHT NUR EIN MILITÄR, SONDERN EINE DER TECHNISCH FORTSCHRITTLICHSTEN STREITKRÄFTE DER WELT. DIE *AUSTRALIAN DEFENCE FORCE* SPIELT EINE ZENTRALE ROLLE BEIM SCHUTZ DES LANDES.

Sobald man feststellt, dass in Australien sogar Polizisten freundlicher sind als so manche deutsche Hotel-Rezeption, kann man sich nur schwer vorstellen, dass es hier so etwas wie ein Militär gibt. Dennoch ist das der Fall, und es handelt sich hierbei auch nicht um eine kleine Reserve für Notfälle, sondern eine modern ausgestattete Streitkraft. Sie besteht aus einem Heer, der Marine und der Luftwaffe. Insgesamt umfasst die *Australian Defence Force* (*ADF*) rund **60.000** aktive Soldatinnen und Soldaten.

Anders als in manch anderen Ländern versteht sich die australische Armee jedoch in erster Linie als **Verteidigungseinheit**. Offensive Kriegsführung steht nicht auf dem Programm. Man legt mehr Wert auf Partnerschaften, Stabilität und friedenserhaltende Missionen. Deshalb sieht man Australier in Uniform viel häufiger im Rahmen von UN-Einsätzen oder bei der Katastrophenhilfe als auf klassischen Kriegsschauplätzen.

Die militärische Ausbildung gilt auch international als hochwertig und ist angesehen. Es mangelt in der Regel nicht an freiwilligen Rekruten, obwohl es **keine Wehrpflicht** gibt. Das liegt unter anderem daran, dass der Dienst gut bezahlt ist und viele Ausbildungsmöglichkeiten bietet.

Die großen Militärstützpunkte liegen oft in abgelegenen Regionen, zum Beispiel im Northern Territory oder weit im Landesinneren. Dort, im roten Staub des Outbacks, werden regelmäßig Manöver abgehalten. Laut Berichten über Truppenübungen der Luftwaffe kommt es tatsächlich hin und wieder vor, dass Soldaten kurzerhand eine Pause einlegen müssen, weil ein paar Kängurus die Landebahn blockieren.

ALLTAG & MENTALITÄT

36

Ist eure Bevölkerung wirklich aus einer Horde Sträflinge entstanden?

DIE GRÜNDUNG DER BRITISCHEN KOLONIE NEW SOUTH WALES IM JAHR 1788 WAR VOR ALLEM DAS ERGEBNIS ÜBERFÜLLTER GEFÄNGNISSE IN GROSSBRITANNIEN. MAN ENTSCHIED SICH EINFACH DAZU, STRAFGEFANGENE DORTHIN ZU SCHICKEN, WO NOCH PLATZ WAR: NACH AUSTRALIEN.

Mit der »*First Fleet*« landeten rund 1.400 Menschen in Australien. Neben etwa 750 Sträflingen auch Soldaten, Offiziere und ein paar Freiwillige. In den folgenden Jahrzehnten wurden insgesamt mehr als **160.000 Strafgefangene** nach Australien deportiert. Die meisten wegen eher harmloser Vergehen wie Diebstahl oder kleinerer Betrügereien. Viele wurden jedoch nach ihrer Freilassung zu angesehenen Siedlern, Farmern oder Händlern. Manche gründeten sogar Unternehmen oder arbeiteten in der damals sehr angesehenen Verwaltung.

Da es in der neuen Kolonie an Personal fehlte – insbesondere an vertrauenswürdigen Zivilisten –, hatte man auch bei der Gründung der Polizei keine große Auswahl. Die meisten Menschen dort waren schließlich entweder Sträflinge oder Soldaten. Weil aber auch die Soldaten nicht immer als besonders diszipliniert galten, entschied der damalige Gouverneur ganz pragmatisch: Er traf die Entscheidung, einfach einige entlassene Sträflinge zu Ordnungshütern zu machen.

So entstand die erste Polizeieinheit Australiens aus zwölf ehemaligen Häftlingen mit besonders guter Führung. Sie wurde 1789, also nur ein Jahr nach Ankunft der »*First Fleet*«, gegründet und trug den Namen »*Night Watch*« (Nachtwache). Der Name kommt daher, dass sie eingesetzt wurde, um nachts durch die Straßen von Sydney, was damals nur aus ein paar Zelten bestand, zu patrouillieren und für Ruhe und Ordnung zu sorgen. Die Idee war so erfolgreich, dass später daraus die *Sydney Foot Police* und schließlich die heutige *New South Wales Police Force* hervorgingen. Mit dieser Historie ist sie eine der ältesten Polizeibehörden der Welt.

37

Stimmt es, dass die Great Ocean Road ein Kriegsdenkmal ist?

DIE *GREAT OCEAN ROAD* IST VON AUSTRALISCHEN VETERANEN ERBAUT WORDEN UND EIN DENKMAL FÜR ALL DIEJENIGEN, DIE IM ERSTEN WELTKRIEG UMS LEBEN KAMEN.

Fährt man heute die atemberaubende Küstenstraße in der Nähe von Melbourne entlang, kommt man an Eukalyptuswäldern mit Koalas und den weltberühmten »**Zwölf Aposteln**« vorbei. Es gibt wenig Hinweise darauf, dass die *Great Ocean Road* aus irgendeinem anderen Grund gebaut worden sein könnte als für die Erkundung der spektakulären Landschaft. Tatsächlich aber ist diese gewundene Küstenstraße eine Art Kriegsdenkmal und mit ihren **240 Kilometern** Länge sogar das größte der Welt.

Ihre Historie geht bis zum Ende des Ersten Weltkriegs zurück, als Tausende australische Soldaten aus Europa zurück in die Heimat kamen. Viele davon waren von den **Kriegserlebnissen** traumatisiert oder fielen nach dem Kriegsende in die Arbeitslosigkeit. Da es zu dieser Zeit weder moderne Psychotherapie noch Integrationsprogramme gab, kam man auf die Idee, den Veteranen eine Aufgabe zuzuteilen, die ihnen einen neuen Lebenssinn geben sollte. Man entschied, dass sie mit Schaufeln und Sprengstoff eine Straße entlang der Küste bauen sollten.

Zwischen 1919 und 1932 arbeiteten über 3.000 ehemalige Soldaten an diesem großen Projekt. Dabei waren die Bauarbeiten an der zerklüfteten Südküste Victorias hart und teilweise lebensgefährlich. Immerhin gab sie den Männern aber eine Aufgabe, ein Einkommen und ein Stück Struktur im Leben zurück. Dass daraus eines Tages eines der beliebtesten Reiseziele des Landes werden sollte, hätte damals wahrscheinlich niemand erwartet.

Offiziell ist die *Great Ocean Road* heutzutage allen australischen Soldaten gewidmet, die im Ersten Weltkrieg gefallen sind.

ALLTAG & MENTALITÄT

38

Was sind »**Grey Nomads**« und wieso reisen sie monatelang durchs Land?

IM RENTENALTER REISEN VIELE AUSTRALIER EINMAL QUER DURCHS LAND. SIE SIND EIN SO GROSSER TEIL DER REISENDEN GEWORDEN, DASS MAN SIE LIEBEVOLL »*GREY NOMADS*« NENNT.

In den meisten deutschen Familien ist es nur schwer vorstellbar, dass die Großeltern beim gemeinsamen Brunch plötzlich fröhlich erzählen: »Wir haben schon unseren nächsten Campingtrip geplant. Diesmal werden wir mit unserem Wohnmobil fünf Monate unterwegs sein.« Man verschluckt sich fast am Vollkornbrötchen: »Ihr werdet bitte WAS?«

Was weltweit bei Backpackern beliebt ist, geht auch an den *Aussies* nicht spurlos vorbei. Australien ist ein Reiseland, das aufs **Campen** ausgelegt ist. Es gibt über 2.000 offizielle *campsites* und die komplette Bandbreite von absolut *basic* bis extrem luxuriös. Verschiedene Apps helfen dabei, passende Stellplätze zu finden, inklusive Bewertungen und detaillierten Angaben zum Standort und dem Zustand der festinstallierten BBQ-Grills. Fürs Campen muss man in Australien aber nicht unbedingt viel Geld ausgeben. Abseits der Städte gibt es unzählige kostenlose oder extrem günstige *campsites*, meist mit Sitzbänken und Grills, manchmal sogar mit einfachen Toiletten. Bezahlt wird in bar über ein »*honesty box*«-System: Man füllt einen Zettel aus, schreibt seine Parzellen-Nummer drauf, wirft ein paar Dollar ein und das war's. Meist sind es zwischen vier und acht Dollar pro Nacht. Ob man die Stellgebühren bezahlt hat, wird nicht immer kontrolliert, manchmal aber doch durch Parkranger, die an »Schwarzcamper« auch Bußgelder verteilen dürfen.

Während viele Backpacker das Land in ihren jungen Jahren bereisen, passiert das bei Australiern oft erst im **Rentenalter**. Eben dann, wenn man endlich die Zeit dafür hat, die unzähligen Nationalparks und andere wunderschöne Orte des eigenen Landes zu erkunden. Es sind so viele von ihnen unterwegs, dass sie sogar einen eigenen Namen bekommen haben. »*Grey Nomads*« nennt man hier liebevoll die ältere Generation, die dauerhaft mit dem Camper unterwegs ist. Was in Europa als »jugendlicher Abenteuerausflug« gilt, ist für Australier also der Aktivitätsplan für die Rente. Einfach das Haus verkaufen und dann einmal mit dem Wohnmobil komplett um Australien herum, »*the big lap*« (die große Runde) machen.

Die Rente gibt das Reisen meist finanziell her, denn das System funktioniert anders als bei uns. Australien nutzt ein Modell, das aus drei Säulen besteht. Zum einen gibt es eine **Grundrente** (*Age Pension*), die aus Steuermitteln finanziert wird und sich nach Einkommen und Vermögen richtet. Sie dient als absolute Grundsicherung fürs Alter. Die zweite Säule ist eine **kapitalgedeckte Betriebsrente** (*Superannuation*). Arbeitgeber sind verpflichtet, einen Prozentsatz des Gehalts (11,5 Prozent) in einen **Pensionsfonds** (*Super Fund*) zu zahlen. Dadurch baut jeder Arbeitnehmer sein eigenes Vermögen auf, das im Ruhestand ausgezahlt wird. Es gibt keine komplette Quersubventionierung zwischen jungen und alten Generationen. Die dritte Säule ist eine zusätzliche, private Altersvorsorge, die aber freiwillig ist. Man kann sich zum Beispiel für zusätzliche Einzahlungen in seinen *Superannuation*-Fond entscheiden oder Geld anderweitig anlegen. Aktien oder eine eigene Immobilie sind beliebte Anlageformen.

Wie bei uns wird das Rentenalter auch in Australien schrittweise angehoben: erst auf 67 Jahre, perspektivisch steht aber schon im Raum, es auf 70 Jahre zu erhöhen. Es ist eine Reaktion auf die steigende Lebenserwartung.

Laut einer Studie der Allianz gilt das australische Rentensystem als eines der nachhaltigsten der Welt, da es stark auf Kapitaldeckung setzt und dadurch die Staatskasse wenig belastet. Ganz perfekt ist das System aber auch noch nicht, denn besonders bei Frauen, die sich viel zu Hause um die Kinder gekümmert und im Laufe ihres Lebens nur wenig ins *Superannuation*-System eingezahlt haben, gibt es eine relativ hohe Altersarmut. Die reine Grundrente reicht für das normale Leben meist nicht aus. Bei den meisten Australiern führt aber vor allem die Auszahlung aus dem *Superannuation*-Fond dazu, dass sie im Alter sehr gut leben können.

Auf Campingplätzen ist das durchaus sichtbar, denn die Rentner sind häufig mit großen und aufwändig ausgebauten **Wohnmobilen** unterwegs. Auf den ersten Blick fragt man sich manchmal, wo sie die ganzen Sachen eigentlich unterbekommen, wenn sie zum nächsten Stellplatz unterwegs sind. Auf dem Dach thront auf der einen Seite oft eine riesige Satellitenschüssel, während die andere mit Solarpanelen bestückt ist. Im Außenbereich ist eine gemütliche Fernseh-Ecke für abends eingerichtet, daneben stehen extra Wassertanks und Kühlboxen. Auf der anderen Seite des Campers steht ein Vorzelt mit Tischen und zusätzlichen Campingstühlen, falls die Nachbarn aus der nächsten Parzelle mal vorbeischauen wollen. Es gibt ein Bettchen für den Hund, das Strickzeug liegt irgendwo und in einer Ecke im Camper ist eine Lese-Ecke eingerichtet. Man ist im Prinzip mit dem gesamten Hausstand unterwegs, den man großzügig um sein Wohnmobil verteilt hat.

Backpacker, die meist sehr minimalistisch nur mit PKW und Zelt unterwegs sind, werfen gerne mal einen abschätzigen Blick hinüber. »Das ist doch wohnen im *tiny house* und kein campen mehr.« Spätestens wenn die Rentner-Nachbarn sich aber mit ihrem Highend-Milchaufschäumer den perfekten Cappuccino am Morgen kredenzen, wechseln die Blicke dann doch von abschätzig zu ein wenig neidisch.

Grey Nomads kann man übrigens auch daran erkennen, dass sie mit dem **Sammelheftchen** an der Rezeption stehen und sich die »*Camping Loyalty Club*«-Punkte eintragen lassen. Viele pflegen außerdem richtige Routinen: Montag ist Waschen, Dienstag ist Tanken, Mittwoch morgens um 6:30 ist Markt in irgendeinem Outback-Ort. Was das angeht, sind sie unseren Rentnern also vielleicht doch nicht ganz so unähnlich.

FUN FACT

In manchen Gegenden gibt es so viele Reisende mit Wohnmobilen, dass die Bevölkerung sich in der Hauptsaison zeitweise verdoppelt.

39

Echt jetzt? In eure Restaurants darf man sich eigene Getränke mitnehmen?

IN AUSTRALIEN GIBT ES VIELE RESTAURANTS MIT »*BYO*«-REGELUNG (»*BRING YOUR OWN*«). DORT DÜRFEN GÄSTE IHRE EIGENEN ALKOHOLISCHEN GETRÄNKE MITBRINGEN.

Bei uns hat man ja bereits Angst, im legeren Biergarten rauszufliegen, wenn man sein eigenes Radler dabei hat. In Australien ist das gar kein Problem – zumindest in Restaurants, bei denen im Eingangsbereich Schilder stehen wie »*BYO welcome*« oder »*BYO – corkage applies*«. *BYO* steht dabei für »*bring your own*« (bring dir dein eigenes mit) und ist besonders häufig in kleinen Restaurants oder asiatischen Lokalen zu finden.

Der Grund dafür ist, dass der Erwerb einer **Ausschanklizenz** für alkoholische Getränke sehr teuer sein kann und außerdem mit strengen Auflagen verbunden ist. Viele Restaurantbesitzer verzichten daher einfach darauf und erlauben ihren Gästen lieber, ihre eigenen alkoholischen Getränke mitzubringen. Da in Australien alles, was mit Alkohol zu tun hat, sogar im *bottle shop* schon teuer ist, nehmen viele Leute das Angebot dankend an und müssen so im Restaurant nicht noch zusätzliche Aufpreise für Bier oder Wein zahlen. Manchmal gibt es eine kleine »*corkage fee*«, die im Prinzip eine kleine Mini-Gebühr dafür ist, dass man die restauranteigenen Gläser benutzen darf. Die Kosten dafür liegen normalerweise aber nur bei ein paar Dollar.

Natürlich gibt es Regeln: *BYO* gilt normalerweise nur für Bier und Wein. Harte Spirituosen sind meist nicht erlaubt. Das *BYO*-Modell ist so beliebt, dass es sogar eigene Apps gibt, mit denen man gezielt nach Restaurants suchen kann, die diesen Service anbieten.

GOOD TO KNOW

Lokale, die eine Schanklizenz für Alkohol besitzen, stellen meist »*No BYO*«-Schilder auf, um darauf hinzuweisen, dass man keine Getränke mitbringen darf.

ALLTAG & MENTALITÄT

40

Flat White? Long Black? Warum könnt ihr Kaffee nicht einfach Kaffee nennen?

AUSTRALIER WERDEN NICHT OFT ERNST, ABER BEIM THEMA KAFFEE VERSTEHEN SIE KEINEN SPASS UND MACHEN DA KEINE HALBEN SACHEN. NUR DAS BESTE IST GERADE GUT GENUG, UND ZWAR NICHT NUR BEI DEN KAFFEEBOHNEN, SONDERN AUCH BEI DEN KAFFEEMASCHINEN.

Wenn es ein Thema gibt, bei dem Australier plötzlich ganz ernst werden, dann ist es Kaffee. Nicht Politik. Nicht Sport. Kaffee.

Wer als Tourist zum ersten Mal ein australisches Café betritt, vor allem in Melbourne, wird schnell merken: »Kaffee« reicht hier als Bestellung nicht aus. Man hat die Wahl zwischen *Flat White*, *Long Black*, *Short Black*, *Latte*, *Cappuccino* und *Macchiato*. Wer unter zwölf Jahre alt ist, bekommt nichts von alledem, sondern einen *Babychino*. Das ist aber nicht die Marke eines besonders stylischen Kinderwagens, sondern ein Becher mit aufgeschäumter Milch, meist mit aufgestreutem Kakaopulver. Perfekt für Kinder, die von ihren Eltern schon früh zum morgendlichen Kaffee-Ritual ins Lieblingscafé um die Ecke mitgenommen werden. Früh übt sich in Australien schließlich nicht nur beim Surfen.

Spezialitätenkaffee (*speciality coffee*) findet man in Australien wortwörtlich an jeder Ecke. Ein Ort kann noch so klein sein – das gemütliche Eckcafé mit bunten Stühlen, rustikalen Holztischen und einer hochwertigen **Siebträgermaschine** ist praktisch garantiert. Dasselbe gilt für die staubigen Tankstellen mitten im Outback. Oder auch für den von außen nicht mehr ganz so frisch aussehenden Kiosk an der U-Bahn-Station von Sydney. Überall trifft man echte Barista-Expertise an.

Die australische Kaffeekultur ist eng verwoben mit der Vorliebe für kleine, unabhängige Cafés. Große Ketten kommen hier nicht besonders gut an. Selbst der US-Kaffee-Gigant mit Ursprung in Seattle musste das schmerzhaft lernen. Nach einem groß angelegten Expansionsversuch Anfang der 2000er-Jahre musste der Konzern in Australien nach kurzer Zeit fast zwei Drittel seiner Filialen wieder schließen. Zu wenig Nachfrage und zu viel Konkurrenz. Daran konnten auch keine mit Namen personalisierten Becher etwas ändern.

In Deutschland müssen sich Australier ganz schön zusammenreißen, um beim ersten Schluck Filterkaffee nicht aus Versehen entsetzt laut »*Mate! What the hell is THAT?*« zu rufen. Denn in den deutschen Cafés vermissen viele Australier nicht nur die professionelle »*coffee art*« auf dem Getränk, sondern auch die Leidenschaft, die sie mit Kaffee verbinden. Keine wunderschönen, bunten Keramiktassen, die dem Auge schon beim Hinschauen schmeicheln. Kein weicher Schaum mit perfekter Konsistenz – stattdessen wird der Cappuccino oft lieblos in einer schlichten weißen Tasse serviert. Dass hier niemand eine **Barista-Ausbildung** durchlaufen hat, scheint offensichtlich. Für Australier im Prinzip auf den ersten Blick klar: Das kann nur ein Reinfall sein.

Damit das nicht so bleibt, bringt so manch ein Auslandsrückkehrer die original *Australian coffee culture* mit nach Deutschland. Dazu hat sich zum Beispiel Sven entschieden, der in seiner Heimatstadt Konstanz ein australisches Café eröffnet hat. Nach acht Jahren *Down Under* brachte er nicht nur eine Siebträgermaschine mit, sondern gleich das komplette **Kaffee-Mindset**: handverlesene Bohnen, *Latte Art* und selbstverständlich *Flat Whites.*

»Viele denken erst mal: Die spinnen doch, die Australier, mit ihrem Kaffeefetisch«, sagt er und lacht, während er die Siebträgermaschine in seinem Café reinigt. »Aber dort ist Kaffee wirklich mehr als ein Wachmacher – es ist ein Lebensgefühl. In Australien ist Kaffee quasi ein soziales Ritual. Man trifft sich mit Freunden auf einen *Flat White*, aber nicht nur zum Trinken, sondern zum Reden und Runterkommen.«

Sven hebt die Tasse, in der der Milchschaum kunstvoll ein Farnblatt bildet. »Was mir in Deutschland total aufgefallen ist: Hier geht's viel zu oft um den größten Becher oder den besten Deal. In Australien dagegen zählt vor allem die Qualität, und zwar von der Bohne bis zur Tasse. Es gibt gute Maschinen, geschultes Personal, eine riesige Auswahl verschiedener Milcharten. Die Bohnen kommen aus kleinen Röstereien und sind keine Massenware. Wenn das nicht passt, kommt der Kaffee gar nicht erst raus. Manchmal sag ich: Kaffee ist in Australien das, was in Deutschland Bier ist, nämlich **ein Stück Kultur**. Die *Aussies* sind verdammt Stolz darauf und deshalb tun sich viele Australier im Ausland auch so schwer mit dem Thema. Wenn du einmal erlebt hast, wie viel Liebe, Sorgfalt und Handwerk in einem einfachen *Flat White* stecken kann, dann fällt es schwer, einen lieblosen Filterkaffee aus der Thermoskanne noch ernst zu nehmen.«

Der Erfolg seines australischen Cafés *Coffee Fritz* gibt ihm Recht, denn bisher hat er von vielen Besuchern aus *Down Under* großes Lob bekommen, und auch bei den Deutschen scheint die liebevolle Kaffeezubereitung gut anzukommen.

ALLTAG & MENTALITÄT

41

Esst ihr wirklich Kängurus?

WEIL KÄNGURUS IN FREIER WILDBAHN IN EXTREM GROSSER ANZAHL VORKOMMEN UND AUCH GUT SCHMECKEN, GILT IHR FLEISCH ALS NACHHALTIG UND GESUND.

Eigentlich widersprüchlich und dann auch wieder nicht. Das Känguru ziert schließlich außer Dollar-Münzen das Nationalwappen, ist aber ebenso auf der Speisekarte in Restaurants aufgeführt. Und im Supermarkt findet man Kängurufleisch ganz selbstverständlich direkt neben Rind und Huhn. Meist vakuumverpackt und mit dem Hinweis »mager, eiweißreich und nachhaltig«.

Kängurufleisch ist in Australien prinzipiell nichts Neues, denn die Ureinwohner essen es bereits seit Zehntausenden von Jahren. Heute findet man es oft als **Känguru-Steak** auf dem BBQ-Grill oder als Filetstreifen auf dem Salat.

Es ist cholesterin- und fettarm und stammt im Gegensatz zu dem Fleisch von Rindern, Schweinen oder Hühnern meist von Tieren, die in **freier Wildbahn** leben. Viele Australier sehen den Konsum von Kängurufleisch daher als ökologisch sinnvoll an und mögen es, dass in diesem Fall auf Massentierhaltung verzichtet werden kann.

Tatsächlich hält der Verzehr auch die Gesamtpopulation der Tiere in Schach, denn von der Anzahl her gibt es davon in Australien sogar mehr als Menschen. Je nach Jahr und Zählung sind es zwischen 30 und 50 Millionen Tiere. Diese beeindruckende Zahl spiegelt sich auch im Straßenbild wider: Wer durchs Outback fährt, sieht sicherlich deutlich mehr Warnschilder vor »*Crossing Kangaroos*« als Ampeln.

Leider findet man dort auch viele Kängurus als *roadkill* neben den Straßen. Dann gilt die Regel, dass man sich diesen Tieren auf keinen Fall nähern sollte. Durch das lange Liegen in der Sonne bilden sich in den Körpern Gase, wodurch die Tiere oft wie aufgeblasen aussehen. Dann besteht die reale Gefahr, dass sie explodieren können. Daher sollte man tote Kängurus am Straßenrand niemals anfassen.

42

Ist Vegemite einfach nur ein Marketing-Gag, um Touristen zu veräppeln?

AUSTRALISCHE KINDER WACHSEN MIT VEGEMITE ZUM FRÜHSTÜCK AUF, UND AUSTRALIER IM AUSLAND VERMISSEN DEN AUFSTRICH SO SEHR WIE WIR IN AUSTRALIEN GUTES BROT.

Eigentlich logisch – was im legendärsten Song über Australien erwähnt wird, kann kein Gag sein. Vegemite ist so tief in der australischen Kultur verankert, dass sogar die Band *Men at Work* in ihrem weltbekannten Song *Down Under* von 1981 singt: »*He just smiled and gave me a Vegemite sandwich.*«

Diese Zeile steht sinnbildlich für die australische Gastfreundschaft und den Stolz auf die eigene **Esskultur**. Auch wenn viele Europäer jetzt bei dem Wort »Esskultur« fragend die Augenbrauen heben, ist Vegemite für Australier genau das: Der dunkelbraune Brotaufstrich, der meist mit Butter auf einem Stück Toast gegessen wird, ist fester Bestandteil eines typisch australischen Frühstücks.

Vegemite kann man als dicke, dunkle Paste (meist) im Glas kaufen, welches uns von der Aufmachung immer ein bisschen an Maggi erinnert. Das Produkt ist aus **Hefeextrakt** hergestellt und ein Nebenerzeugnis der Bierbrauerei. Es schmeckt salzig, würzig und etwas bitter. Die meisten Touristen, die Vegemite einfach selbst und nicht unter professionell australischer Aufsicht probieren, verwenden zu viel von dem Aufstrich und fragen sich dann nach einer kurzen Kostprobe: »Wieso tun sich Australier sowas freiwillig an?«.

Der Name setzt sich übrigens aus »*vegetable*« (Gemüse) und »*mite*« zusammen. Letzteres ist eine Endung, die in Australien oft für Brotaufstriche verwendet wird. Bei der Namensfindung im Jahr 1923 setzte man, ähnlich wie beim Design für die Nationalflagge, auf einen landesweiten Wettbewerb. Der Gewinner erhielt für den Namensvorschlag 50 Pfund und damit zehn Pfund mehr als die einzelnen Gewinner des Flaggen-Wettbewerbs.

ALLTAG & MENTALITÄT

43

Wieso ist jeder Australier tätowiert?

TATTOOS SIND EIN ABSOLUT GÄNGIGER AUSDRUCK VON INDIVIDUELLEM LIFESTYLE, DEN FAST JEDER AUSTRALIER ALS KÖRPERSCHMUCK IRGENDWO AUF DER HAUT TRÄGT.

Im australischen Supermarkt kann es an der Kasse passieren, dass man plötzlich einen volltätowierten Arm direkt vor der Nase hat, der sich noch schnell etwas aus dem Regal nebenan greift. Es steht einem aber kein Rocker der *Hells Angels* gegenüber, sondern: vielleicht ein Zahnarzt. Oder ein Anwalt.

Tattoos sind in *Down Under* längst kein Zeichen von Rebellion mehr, sondern der meist recht individuelle Ausdruck des australischen Lifestyles. Laut aktuellen Studien ist rund **jeder vierte** Australier tätowiert, bei den 20- bis 35-Jährigen sogar jeder Dritte. Damit zählt Australien zu den am stärksten tätowierten Ländern der Welt, und Tattoos sind vor allem eines geworden: Mainstream.

Tatsächlich hat die Tattoo-Kultur historische Wurzeln und kam früher mit **Seefahrern** und **Soldaten** ins Land. Besonders nach dem Zweiten Weltkrieg wurden Tattoos in Armee- und Arbeiterkreisen populär. In den 1990ern und 2000ern begann der Siegeszug der Tätowierungen die breite Bevölkerung miteinzuschließen, wozu vor allem die **Surfszene** beigetragen hat. Heute ist der oft sehr bunte Körperschmuck allgegenwärtig und wird in allen gesellschaftlichen Schichten getragen – vom CEO über Verwaltungsangestellte bis hin zu Bauarbeitern.

Die Motive sind so vielfältig wie das Land selbst: von minimalistischen Wellenlinien und botanischen Elementen bis zu aufwendigen *full-sleeves* (Tätowierungen über den gesamten Arm) mit Tieren oder Surf-Motiven. Wo wir oft jahrelang nachdenken, bis wir uns für ein Motiv entscheiden können, ist das bei Australiern anders. Hier lautet die häufigste Antwort auf die Frage: »Was bedeutet dein Tattoo?«: »Ach nichts Besonderes eigentlich – ich fand's halt schön.« Tattoos sind hier oft einfach Momentaufnahmen, eine tiefere Symbolik steht nicht immer im Vordergrund.

ALLTAG & MENTALITÄT

44

Wie sport-verrückt kann man eigentlich sein …?

DURCH DAS MEIST GUTE WETTER FINDET IN AUSTRALIEN DAS LEBEN ZUM GRÖSSTEN TEIL DRAUSSEN STATT. AUSSERDEM SPIELT SPORT BEREITS IN DER SCHULE EINE GROSSE ROLLE.

Für australische Kinder ist der **Schulsport** ein großes Thema. Viele Familien verbringen ihre Wochenenden entweder auf dem Spielfeld oder aber am Spielfeldrand, um ihre Sprösslinge anzufeuern.

Außerdem legen *Aussies* großen Wert auf eine ausgewogene Work-Life-Balance. So wird auf der Arbeit meist Punkt 17 Uhr der Stift fallen gelassen, um sich den angenehmen Dingen des Lebens zu widmen. Für sehr viele Australier bedeuten diese Dinge genau eines: Sport. Egal ob **Surfen**, **Kicken**, **Paddeln**, **Radfahren** oder **Laufen** – die Hauptsache ist, man kann aktiv sein. Da es selbst im Winter im Durchschnitt zahlreiche sonnige Tage gibt, lädt auch das Wetter meist dazu ein, die Freizeit draußen zu verbringen.

Fast alle Städte liegen in Küstennähe, wodurch Surfen für eine kleine Sporteinheit in der Mittagspause oder nach der Arbeit am beliebtesten ist. Vor Haien hat hier kaum einer Angst, wohl aber Respekt und die klare Einsicht, dass man sich in den Lebensraum der Tiere begibt. Viele sagen: »*It's their ocean – we're just borrowing it.*« Selbst wenn man noch nie auf einem Brett stand, besitzt man als Australier Kleidungsstücke, mit denen man aussieht, als würde man zur Surfer-Szene dazugehören. Einige australische Modelabels haben den hippen Surfstyle mittlerweile weltweit bekannt gemacht.

Wem Wellenreiten zu einfach ist und wer eine Team-Sportart mit vielen Spielregeln vorzieht, der kickt nach der Arbeit eine Runde mit seinen Freunden. *Australian Football* (*footy*) ist aber keinesfalls mit unserem Fußball zu verwechseln und wird nicht mit einem runden Ball gespielt, sondern mit einem ovalen. Gespielt wird auf einem ebenso ovalen Feld mit 18 Spielern pro Team. Der Ball darf nicht geworfen, wohl aber mit den Füßen gekickt oder mit den Händen weggeschlagen werden. *Footy* ist in Australien genau so beliebt wie bei uns der Fußball.

ALLTAG & MENTALITÄT

45

Drop Bears – glaubt ihr wirklich, wir fallen darauf herein?

DROP BEARS **SIND GEFÄHRLICHE WESEN, DIE ÄHNLICH WIE KOALAS AUSSEHEN, SICH ABER TÜCKISCH AUS DEM HINTERHALT VON BÄUMEN AUF TOURISTEN HERABFALLEN LASSEN. ES IST DER BELIEBTESTE MYTHOS, MIT DEM AUSTRALIER NEUANKÖMMLINGE AUF DEN ARM NEHMEN.**

Als Tourist rechnet man vielleicht mit giftigen Schlangen, Riesenspinnen oder Haien, aber wahrscheinlich nicht mit Koalas, die sich wie Ninjas aus Baumwipfeln herabstürzen. Genau das ist jedoch die Legende vom *Drop Bear*. Ein vermeintlich blutrünstiges Beuteltier, das in Eukalyptusbäumen lauert und sich in hinterlistigen Attacken auf arglose Leute herabfallen lässt (*drop* = fallen, fallen lassen).

Was nach einer Szene aus einem Horrorfilm klingt, ist einer der bekanntesten australischen *running gags*. Der *Drop Bear* ist ein fiktives Tier, das von Australiern erfunden wurde, um Touristen (auf charmante Art) ein bisschen zu veräppeln. Besonders solche, die zum ersten Mal auf eine Tour ins Outback aufbrechen. Die Botschaft: Fühl dich auch bei Tieren, die süß aussehen, lieber nicht zu sicher.

Die Legende erzählt meist von einem »**entfernten Cousin des Koalas**« mit messerscharfen Zähnen, roten Augen und einem Faible für Touristen. Er sieht zwar auf den ersten Blick so kuschelig wie der normale Koala aus, kann Menschen aber (angeblich) gefährlich werden. Manche Australier geben preis, dass man sich mit etwas Zahnpasta oder Vegemite hinter den Ohren vor einem Angriff schützen könne. Das Internet ist voll von weiteren »offiziellen« Ratschlägen. So bieten Gabeln im Haar angeblichen Schutz, weil das Metall die Tiere irritiert, und genauso gut soll es helfen, einfach mit einem neuseeländischen Akzent zu sprechen.

Die Geschichte der *Drop Bears* ist inzwischen so beliebt, dass es Fanartikel wie T-Shirts und Tassen zu kaufen gibt. Auf Wikipedia wurde dem Koala-Verschnitt eine extra Seite gewidmet und auf manchen eigentlich seriösen Webseiten über australische Tiere ist er nicht selten aufgelistet.

Selbst offizielle Stellen wie das Australian Museum machen mit. Dieses hat einen »Fachartikel« über den *Drop Bear* veröffentlicht, in dem das Tier als *Thylarctos plummetus* klassifiziert wird. Es werden sogar genaue Angaben zu Größe (bis 120 kg), Fellfarbe (orange mit Flecken) und Jagdtechnik (Sturz aus bis zu acht Metern) gemacht. Da für die meisten Touristen der Koala das wahrscheinlich süßeste Tier in ganz Australien ist, hat dieser Artikel bestimmt schon das ein oder andere Weltbild zerstört.

Auch der Fernsehsender ABC veröffentlichte schon einmal einen Bericht über das australische Militär und dessen Schutzmaßnahmen gegen *Drop Bears*. Auf den ersten Blick wirkte der Beitrag seriös und gut gemacht. Zuschauer merkten dann aber nach einem Blick auf den Kalender, dass es sich um den 1. April handelte.

Obwohl der *Drop Bear* keine neue Erfindung ist und erste humorvolle »Sichtungen« bis in die **1960er-Jahre** zurückgehen, hat sich der Scherz eben doch noch nicht zu allen Leuten außerhalb Australiens herumgesprochen. *Aussies* holen ihn deshalb auch heutzutage gerne noch aus der Schublade, da er immer noch erstaunlich oft funktioniert.

Der geheimnisvolle *Drop Bear* hat sich über Jahrzehnte zu einer Art **mystischer Kultfigur** entwickelt, ähnlich wie das schottische Monster von Loch Ness.

Wesentlich dazu beigetragen hat ein **Sketch** der späten 1970er-Jahre. Darin spielte Paul Hogan, der als *Crocodile Dundee* berühmt wurde, eine Parodie auf einen Abenteuerfilm ähnlich zu Indiana Jones nach. In seinem Sketch wird Hogan als *Cootamundra Hoges* mit den »*untold horrors of the Australian bush*« konfrontiert. Darunter fiel ein Angriff vermeintlicher Killer-Koalas, die in der Szene aus den Bäumen fallen und ihn attackieren. Obwohl der Name *Drop Bears* damals noch nicht verwendet wurde, verbreitete sich doch die Idee der fiktiven, fleischfressenden Koalas, die ahnungslose Menschen aus Bäumen heraus angreifen. Im Sketch wird Hogan von den Koalas überwältigt und bricht etwas theatralisch unter dem »Angriff« zusammen. Der Sketch wurde nochmals Anfang der 1980er-Jahre wiederholt, als Hogans Show landesweit in ganz Australien hohe Einschaltquoten hatte.

Dass die Erzählung der *Drop-Bear*-Legende auch heute noch bestens funktioniert, zeigte ein Fall, der international für Schlagzeilen sorgte. Im Januar 2020 war eine Korrespondentin des britischen Fernsehsenders ITV News auf Kangaroo Island in Australien unterwegs, um über die damaligen Buschbrände zu berichten. Während ihres Aufenthalts wurde sie von der Filmcrew dazu eingeladen, ein angeblich extrem gefährliches australisches Tier, den *Drop Bear*, im Arm zu halten. Mit ernster Miene wurde ihr erklärt, wie gefährlich diese Kreatur sei, und man stattete sie »zur Sicherheit« mit einer **Schutzkleidung** (*Drop Bear Suit*), bestehend aus einer gepanzerten Motorradjacke, Handschuhen, einer Schutzbrille und schweren Stiefeln, aus. Man erzählte ihr, dass diese Tiere, mit denen wirklich überhaupt nicht zu spaßen sei, oft hinterlistig Menschen anfallen würden und dass die Sicherheitsausrüstung deshalb extrem wichtig sei. Dann setzte man ihr vorsichtig einen ganz normalen, absolut harmlosen Koala auf den Arm. Einige Mundwinkel zuckten schon ein bisschen, aber die Crew schaffte es, die ernste Stimmung erstaunlich lang aufrecht zu erhalten. Erst als die Moderatorin vor laufender Kamera beschrieb, dass sie sich doch etwas wegen der Gefahr sorge und äußerte, man solle ihr das Tier bitte schnell wieder abnehmen, konnten sich die Leute hinter der Kamera nicht mehr zusammenreißen und brachen in Gelächter aus. Das Video ist bis heute auf Plattformen wie YouTube zu finden, wenn man nach den Stichworten »ITV« und »*Drop Bear*« sucht – das perfekte Beispiel dafür, warum Australier bis heute nicht müde werden, die Story zu erzählen. Es macht einfach zu viel Spaß.

SPRACHE & KURIOSITÄTEN

46

Was zum Teufel soll man auf »**G'day**« und »**How ya going?**« eigentlich antworten?

IN AUSTRALIEN GRÜSST MAN NICHT NUR FREUNDLICH, SONDERN AUCH MEISTENS SEHR INFORMELL. BEGRIFFE WIE »*G'DAY*«, »*HOW YA GOING?*«, »*MATE*« ODER »*GOOD ON YA*« GEHÖREN HIER SELBST BEI BEHÖRDENGÄNGEN DAZU.

Wer zum ersten Mal australischen Boden betritt, merkt es sofort: Hier spricht man anders. Kein steifes »Guten Tag«, stattdessen ist es wahrscheinlich, dass man von einem Australier quer über die Straße mit einem fröhlichen »*G'day, mate! How ya going?*« begrüßt wird. Auch um sechs Uhr morgens. Man wird freundlich angelächelt, in einer Hand einen Becher Kaffee und die andere zum Gruß erhoben, als wäre man ein Freund, den man schon lange nicht mehr gesehen hat. Man muss automatisch zurücklächeln, aber fragt sich insgeheim: »**Meint der mich?**« Ja, tatsächlich. Hier könnte sich der ein oder andere Mitarbeiter in einem deutschen Geschäft ein Beispiel nehmen. Es ist so einfach, auch zu fremden Leuten freundlich zu sein.

Diese Freundlichkeit zieht sich durch die gesamte australische Kommunikation. Statt auf förmliche Distanz trifft man hier auf Nahbarkeit und Lockerheit. Und vor allem: **Abkürzungen**. So viele, dass man sich manchmal fragt, ob Australien heimlich versucht, ins Guinness-Buch der Rekorde für Sprachverkürzungen zu kommen.

»*Arvo*« (*afternoon*) heißt Nachmittag, »*servo*« (*service station*) ist die Tankstelle, »*Bottle-O*« (*bottle shop*) der Getränkemarkt und »*brekky*« (*breakfast*) das Frühstück. »*Barbie*« steht nicht für die Abkürzung einer Puppe, sondern für *barbecue*, und sich selbst nennen Australier natürlich auch nicht *Australians*, sondern »*Aussies*« (gesprochen OZ-ZIE).

Ein Gruß wie »*G'day*« (*Good day*) oder »*How ya going?*« ist wie bei uns ein lockeres »Wie geht's dir?«. Mit dem Unterschied, dass eigentlich niemand darauf eine echte Antwort erwartet und schon gar keinen ausführlichen Gesundheitsbericht. Ein lässiges »*Good, mate. You?*« oder »*Not too bad*« reicht völlig. Es ist im Prinzip gar keine Frage, sondern einfach nur ein freundlicher Gruß.

Australier mögen es generell unkompliziert. Wird man hier tatsächlich einmal förmlich mit »*Sir*« oder »*Madam*« angesprochen, bedeutet das meist nur eins: Jetzt gibt es Ärger.

Selbst bei Behördengängen, im Supermarkt oder bei der Polizei wird man freundlich geduzt. Dabei wird man oft mit »*mate*« angesprochen, was überhaupt eine Art »Schweizer Taschenmesser« der australischen Sprache ist. Jeder und alles kann ein *mate* sein, egal ob Mensch oder Tier. Manchmal wird es so betont, dass es sich anhört wie »Danke«, »Schön dich zu sehen« oder auch »Mensch, du bist meine absolute Rettung«. An anderen Tagen, und dann auch meist mit anderem Gesichtsausdruck, bedeutet es dagegen »Du Vollidiot« oder »Was hast du da wieder angestellt«.

FUN FACT

Eine australische Abkürzung ist weltbekannt geworden: das Selfie.

Dann gibt es da noch den anderen Ausdruck »*No worries!*«, der australischer nicht sein kann. Es ist ähnlich wie »*mate*« etwas, das in so gut wie jeder Lebenslage verwendet werden kann.

Man tritt jemandem versehentlich auf den Fuß – »*Ah, no worries.*«
Man hat vergessen sein Kind vom Sport abzuholen – »*Mate, no worries.*«
Man muss sich kurz etwas von jemandem ausleihen – »*Sure, no worries.*«

Die Redewendung wird selbst dann benutzt, wenn es tatsächlich mal ein Problem gibt. Aber es ist einfach die australische Art zu sagen: »Schon okay, wir bekommen das hin.«

Ebenfalls oft verwendet wird der Satz »*Good on ya*«, der bedeuten kann: »Gut gemacht«, »Schön für dich«, »Mach weiter so« oder »Na dann los«.

Man hat gerade seine Prüfung bestanden – »*Good on ya, mate!*«

Man sagt kurz Bescheid, dass man zum Strand geht – »*Good on ya.*«

Man hat sich endlich von seinem nervigen Partner getrennt – »*Mate! Good on ya.*«

Der australische Slang hört sich generell freundlich an und lässt die Menschen in *Down Under* nahbar wirken.

MINI-GLOSSAR: AUSTRALISCH FÜR ANFÄNGER

Cheers
Nicht nur beim Anstoßen, sondern auch als »Danke« oder »Tschüss« verwendbar. Beispiel: »*Here's your coffee.*« – »*Cheers!*«

Esky
Kein Eskimo, sondern die Abkürzung für eine Kühlbox.

Ta
Kurz und niedlich für »Danke«. Wird oft von Kindern (oder an sie gerichtet) verwendet, ist aber allgemein gebräuchlich.

Bloody legend
Ein Ausdruck für jemanden, der etwas richtig Gutes getan hat.
Beispiel: »*You brought me a coffee? You're a bloody legend!*«

Fair dinkum
Ein Klassiker. Bedeutet so viel wie: »Echt jetzt?«, »Im Ernst?« oder »Ja! Das stimmt wirklich.«

SPRACHE & KURIOSITÄTEN

47

Warum sagt ihr »**thongs**«, wenn ihr doch »**Flip-Flops**« meint?

DAS WORT »*THONGS*« SORGT OFT FÜR VERWIRRUNG BEI TOURISTEN, DA ES IN AUSTRALIEN FÜR »FLIP-FLOPS« (SANDALEN) STEHT, ABER IN DER RESTLICHEN WELT FÜR UNTERWÄSCHE (TANGAS).

Die andersartige Bedeutung von *thongs* ist den Australiern sehr wohl bewusst, und so bringen humorvolle **Zollbeamte** am Flughafen vor allem amerikanische Touristen gerne mal zum Schwitzen.

Denn wenn man in einem australischen Geschäft nach *thongs* fragt, wird man in die **Schuhabteilung** zu den Sandalen begleitet, genauer gesagt zu den Flip-Flops. Im Rest der Welt wird man hingegen in die **Unterwäscheabteilung** dirigiert und bekommt dort eine Auswahl an Tangas gezeigt.

In Australien sind die luftigen Gummilatschen, die man sich zwischen die Zehen klemmt, quasi Teil der Grundausstattung. Ja, man könnte sogar so weit gehen, zu sagen: *Thongs* sind das **Nationalschuhwerk** des ganzen Kontinents. Egal ob im Supermarkt, beim Barbecue oder im Büro, Flip-Flops sind fast immer salonfähig. Logischerweise sind sie auch die richtige Wahl für Strandbesuche, und so hört man in australischen Familien häufig den Satz: »*Don't forget your thongs, mate – we're heading to the beach!*« Sicherlich gab es hier schon einmal den ein oder anderen Austauschstudenten, der im ersten Moment sehr, sehr verwundert war über diesen Satz.

Der Begriff »*thong*« hat seinen Ursprung in der britischen Sprache des frühen 20. Jahrhunderts und bedeutete zunächst mal nichts anderes als »dünnes Lederband« oder »Riemen«. Also genau das, was bei Flip-Flops zwischen den Zehen liegt.

FUN FACT

Am *Australia Day* finden vielerorts *Thong Throwing Competitions*, also Wettbewerbe im Flip-Flop-Weitwurf, statt.

SPRACHE & KURIOSITÄTEN

48

Rennt ihr im Sommer wirklich barfuß oder mit Winterstiefeln herum?

WAS DAS SCHUHWERK ANGEHT, HAT MAN IN AUSTRALIEN IM SOMMER GENAU DREI OPTIONEN: FLIP-FLOPS, UGG-BOOTS ODER BARFUSS.

Wie entspannt Australier sind, zeigt sich besonders deutlich an der Fußbekleidung, oder besser gesagt: an deren Abwesenheit. Klar, am Strand läuft man schon mal barfuß herum. In *Down Under* ist es aber nicht ungewöhnlich, dass man in einem Supermarkt oder sogar Café Menschen begegnet, die schlicht und einfach **ohne Schuhe** unterwegs sind. Besonders häufig sieht man dieses Phänomen im Sommer, vor allem in Küstenorten. Geschlossene Schuhe sind vielen Leuten dann zu warm, und so wird entweder auf Flip-Flops umgesattelt oder direkt barfuß gelaufen.

Gleichzeitig kommt es aber auch vor, dass einige Australier im Hochsommer in dicken Winterstiefeln herumlaufen – genauer gesagt in UGG-Boots. Was auf Außenstehende oft wie ein **modischer Kurzschluss** wirkt, hat seine ganz eigene Logik. Da UGG-Boots nämlich aus Lammfell gefertigt sind, wirken sie temperaturausgleichend. Im Winter halten sie die Füße schön warm, im Sommer wirken sie wärmeausgleichend, ohne dass man darin schwitzt.

In Australien waren sie anfangs aber gar nicht als modisches Accessoire gedacht, sondern als funktionale Haus- oder Campingschuhe. Später, in den 1960er- und 1970er-Jahren, wurden sie auch in der hippen Surfer-Szene beliebt. Die warmen und weichen Boots halfen, die durch das Meer ausgekühlten Füße schnell wieder aufzuwärmen.

Trotz oder gerade wegen ihres wenig glamourösen Ursprungs traten die Stiefel inzwischen auch ihren Siegeszug in der ganzen Welt an. Heute ist »UGG« eine eingetragene Marke, hinter der ein börsennotiertes Unternehmen steht. Der Name selbst ist übrigens kein ausgefeiltes Akronym, sondern eine Ableitung vom Wort »*ugly*«, also »hässlich«. Manch einer würde jetzt sagen: wenigstens ehrlich.

SPRACHE & KURIOSITÄTEN

49

Was genau soll »Slip Slop Slap« sein?

»SLIP, SLOP, SLAP« IST EIN SLOGAN AUS EINER FERNSEHKAMPAGNE GEGEN HAUTKREBS. WEGEN DER INTENSIVEN SONNENEINSTRAHLUNG IN AUSTRALIEN IST SONNENSCHUTZ WICHTIG UND DRINGEND NOTWENDIG.

Fragt man zehn Australier, was ihnen als Erstes bei »Sommer« und »Sonne« durch den Kopf geht, bekommt man mindestens neun Mal die Antwort: *Slip – Slop – Slap*! Vielleicht singt es der ein oder andere sogar. Was sich im ersten Moment wie ein Kinderreim anhört, ist tatsächlich einer der bekanntesten und erfolgreichsten **Werbeslogans** des Landes. Er stammt aus einer Gesundheitskampagne gegen Hautkrebs.

Die Ozonschicht über Australien ist besonders dünn und die Sonne damit gefährlich stark. Die UV-Intensität ist dort etwa doppelt so hoch wie in Europa. Im Sommer erreicht der UV-Index Werte von 12 bis 14, manchmal sogar 16. In Deutschland wird vor »extremer UV-Strahlung« bereits ab einem Wert von sechs bis acht im Wetterbericht gewarnt. Da Australien näher am Äquator liegt und die Atmosphäre insgesamt weniger verschmutzt ist, wird dort regelmäßig eine weit höhere UV-Strahlung gemessen. Eine Folge davon ist, dass **Hautkrebs** in Australien ein echtes Problem ist und häufig vorkommt. Zwei von drei Australiern erkranken bis zu ihrem 70. Lebensjahr daran. Ein weltweiter Spitzenwert.

Da Australier aber einfach gerne Zeit im Freien verbringen, egal ob am Strand, im Garten oder beim Sport, entschied sich das Land 1981 dafür, eine **Aufklärungskampagne** zu starten. Der Werbejingle sollte an den Sonnenschutz erinnern, bevor man das Haus verlässt. Ab diesem Zeitpunkt tanzte deshalb regelmäßig die Zeichentrick-Möve *Sid the Seagull* über die australischen Bildschirme. In Badekleidung und mit Sonnenhut sang er fröhlich: »*Slip – Slop – Slap! Slip on a shirt, slop on sunscreen and slap on a hat.*«

Also:
Slip: Zieh ein Shirt an,
Slop: Schmier dich mit Sonnencreme ein,

Slap: Setz dir einen Hut auf.

Alles in allem ein fröhlicher und simpler Song, der sofort ins Ohr ging. Die Kampagne war so erfolgreich, dass der Jingle bis heute verwendet wird. Er wird vor allem von Kindergärten und Grundschulen benutzt, um die Kinder frühzeitig für den **Sonnenschutz** zu sensibilisieren. Viele Bildungseinrichtungen nehmen auch an dem Programm »*SunSmart Schools*« teil, das von Cancer Council Australia ins Leben gerufen wurde. An diesen Schulen gilt die goldene Regel: »*No hat – no play.*« Wer keine Kopfbedeckung trägt, darf in der Pause nicht auf den Spielplatz. Die Lehrer achten außerdem darauf, dass Kinder langärmelige Kleidung tragen, Sonnencreme benutzen und in der Mittagshitze möglichst im Schatten bleiben. Viele Schulen haben auch überdachte Pausenhöfe oder Sonnensegel installiert.

»*Slip, Slop, Slap*« ist inzwischen ein fester Bestandteil der australischen **Erziehung**. Bereits Vorschulkinder können meist fehlerfrei aufsagen, was der Jingle bedeutet, und sind stolz auf ihre Sonnenhüte mit breiter Krempe, die an manchen Schulen sogar Teil der Uniform sind. Eine Lehrerin aus Victoria sagt dazu: »Sonnenschutz lernt man hier einfach ganz selbstverständlich. Es ist eines dieser Dinge, die irgendwann einfach Gewohnheit werden.«

Außerdem sind Sonnensegel nicht nur in Schulen, sondern inzwischen auch in öffentlichen Parks oder in Freibädern angebracht. An Stränden und anderen öffentlichen Plätzen wird außerdem immer der aktuelle UV-Index angezeigt.

Und es funktioniert: Seit Einführung der *Slip-Slop-Slap*-Kampagne inklusive anderer Sonnenschutz-Maßnahmen ist die Zahl der Hautkrebsfälle bei jungen Menschen deutlich gesunken. Sonnenschutz gehört für Australier inzwischen so sehr zum Alltag wie der Surfbretthalter am Fahrrad.

Durch den riesigen Erfolg gilt Australien heute als Vorbild für die Hautkrebsvorsorge. Ein ehemaliger Gesundheitsminister sagte dazu: »*Slip, Slop, Slap has probably saved more Australian lives than any other health message.*« (Slip, Slop, Slap hat wahrscheinlich mehr Leben gerettet als alle anderen Gesundheitshinweise.)

Und selbst Australier, die in der Sonne groß geworden sind, sagen heute Dinge wie: »*You just don't leave the house without your sunscreen – it's like brushing your teeth.*« (Man verlässt hier das Haus einfach nicht ohne Sonnencreme – genau so wenig, wie ohne die Zähne zu putzen.)

GOOD TO KNOW

Sonnencremes müssen in Australien mindestens Lichtschutzfaktor 30 haben. Begriffe wie »*sunblock*« oder »*waterproof*« sind verboten, weil kein Produkt 100 Prozent Schutz bietet und regelmäßiges Nachcremen Pflicht ist.

SPRACHE & KURIOSITÄTEN

50

Kann es sein, dass ihr ein Gambling-Problem habt?

GLÜCKSSPIEL IST TIEF IN DER AUSTRALISCHEN ALLTAGSKULTUR VERWURZELT, VON PFERDERENNEN ÜBER LOTTERIEN BIS HIN ZU SPIELAUTOMATEN.

Australien gilt als eines der Länder, die pro Kopf weit mehr für Glücksspiel ausgeben als so manch andere Nation. So waren es zum Beispiel im Jahr 2023 im Schnitt über 1.200 AUD pro erwachsene Person. Neben Spielautomaten, den sogenannten »*pokies*«, sind auch Sportwetten, Pferderennen und Lotterien extrem beliebt. Anders als in vielen anderen Ländern ist Glücksspiel in Australien weitgehend legal und gesellschaftlich akzeptiert. Werbung für Wetten und Lotterien ist im Fernsehen beispielsweise allgegenwärtig, auch wenn deren Anzahl und Länge während der Übertragung von Sportveranstaltungen inzwischen beschränkt wurde. Die einzelnen Staaten nehmen jährlich Milliardenbeträge durch **Glücksspielsteuern** ein – wahrscheinlich ein Grund, warum die Regulierung bisher eher halbherzig ausfällt.

Australien besitzt eine lange Historie, was das Glücksspiel angeht. So war es schon im 19. Jahrhundert ein beliebter Zeitvertreib. Heutzutage gibt es sogar einen ganzen Feiertag, der dem Pferderennen und damit natürlich auch indirekt den Pferdewetten gewidmet ist: der *Melbourne Cup Day*. Seit 1877 ist dieser Tag im Großraum Melbourne ein gesetzlicher Feiertag, und im gesamten Land wird das Rennen als »*The race that stops a nation*« gefeiert. Am ersten Dienstag im November stehen Melbourne und Umgebung wortwörtlich still. Menschen werfen sich in Schale, treffen sich zu privaten und öffentlichen Feiern, und sogar in Cafés und Bars wird das Rennen live verfolgt. Selbst Menschen, die sonst nie wetten, setzen an diesem Tag meist einen kleinen Betrag auf ein Pferd. Schätzungen zufolge beteiligen sich rund 80 Prozent der Bevölkerung an den Wetten zum *Melbourne Cup*. An diesem Tag werden Wetten im Wert von über 90 Millionen Dollar abgeschlossen. Der Feiertag ist ein eindrucksvolles Beispiel dafür, wie sehr das Glücksspiel in Australien gesellschaftlich anerkannt und sogar offiziell unterstützt wird.

SPRACHE & KURIOSITÄTEN

51

»BBQ-ing« ist wirklich eure absolute Lieblingsbeschäftigung, oder?

IN AUSTRALIEN GIBT ES KEIN FEST, AN DEM NICHT GEGRILLT WIRD, UND AUCH KEINE ÖFFENTLICHE EINRICHTUNG OHNE FREI ZUGÄNGLICHE BBQ-STATIONEN. GRILLEN IST EIN TEIL DER KULTUR UND DIENT DEM *SOCIALISING*.

Der größte und beliebteste Freizeitsport ist weder Australian Football noch Cricket und auch nicht das Surfen. Es ist das Grillen. Oder wie es in *Down Under* heißt: »*BBQ-ing*«.

Kaum eine andere Aktivität prägt die australische **Freizeitkultur** so sehr. In jedem öffentlichen Park und an jedem Strand oder Rastplatz gibt es eine beeindruckende Anzahl an fest installierten, meist kostenfreien Grills. Oft sogar mit überdachten Sitzbereichen gegen die Sonne. Zwar gibt es kein Gesetz oder Vorgabe für die Mindestanzahl an Grills auf öffentlichen Flächen, man könnte aber vermuten, dass dem so wäre. Tatsächlich kann der Park oder die Grünfläche noch so klein sein, eine BBQ-Einrichtung gibt es fast immer. So kommt Australien auf eine beeindruckende Gesamtzahl von über **10.000 öffentlichen Grills** im ganzen Land. So gut wie alle davon werden mit Gas betrieben, sind per Knopfdruck einschaltbar und stellen sich über eine Zeitschaltuhr automatisch wieder aus.

Das BBQ ist in Australien weit mehr als nur ein »Picknick im Freien«. Es ist ein **sozialer Treffpunkt** für Freunde und Familie. So ist es auch nicht verwunderlich, dass über 70 Prozent aller Haushalte auch zu Hause einen Grill besitzen. Damit gehört Australien zu den BBQ-verrücktesten Ländern der Welt.

Selbst Leute, die noch nie einen Fuß in einen australischen Park gesetzt haben, verstehen spätestens bei einem Besuch im Baumarkt, dass das Grillen in diesem Land heilig ist. Wo sich in europäischen Filialen der »Outdoor-Bereich« mit Blumen und Pflanztrögen befindet, tut sich in *Down Under* das »Grill-Universum« auf. Ein Sammelsurium von der Würstchenzange bis hin zum KI-unterstützten Super-Grill, bei dem die Shrimps auf dem *barbie* garantiert nicht anbrennen.

SPRACHE & KURIOSITÄTEN

52

Wieso feiert ihr gleich zwei Mal Weihnachten pro Jahr?

IM DEZEMBER HERRSCHT IN AUSTRALIEN HOCHSOMMER, UND SO BEHILFT SICH DAS LAND DAMIT, EIN ZWEITES, »ORDENTLICHES« WEIHNACHTEN ZU FEIERN. NÄMLICH DANN, WENN ES KALT IST. ALSO IM JULI.

Im Dezember stehen in Australien Weihnachtsdeko und Rentierfiguren im Vorgarten, während draußen 35 Grad im Schatten herrschen und Kinder barfuß mit einem Eis in der Hand herumlaufen. Denn während wir auf der Nordhalbkugel in dicken Wollsocken durch die Wohnung laufen, den Kamin anwerfen und *Last Christmas* in Endlosschleife hören, herrscht in Australien **Hochsommer**. Das heißt, Weihnachten findet dort mit BBQ statt Braten und Sand statt Schnee statt.

Das klassische australische *Christmas-Dinner* sieht so aus: kalte Meeresfrüchte, frische Garnelen, Salat und ein ordentliches BBQ mit »*snags*« (Würstchen), Steak oder »*chook*« (Hähnchen). Kinder tragen bunte Papierkronen aus den »*Christmas crackers*« auf dem Kopf, die mit lautem Knall am Tisch geöffnet werden. So manch ein Erwachsener hüpft in einem Weihnachtsmannkostüm nach ein paar kühlen Bier (*stubbies*) in den Ozean.

Aber: Ganz ohne das klassische Festtagsgefühl mit Braten, Lichterketten und dickem Weihnachtspulli wollen viele Australier dann doch nicht leben. Und so hat sich in den letzten Jahren der Trend zum Zweitfest etabliert: »*Christmas in July*«. Quasi ein zweites, inoffizielles Weihnachtsfest, mitten im australischen Winter. Was als lustiger Gag unter Backpackern und *Expats* begann, ist mittlerweile zum festen Bestandteil im australischen Festtagskalender geworden.

Weil der Juli in *Down Under* kalt, dunkel und draußen eher ungemütlich ist, feiern viele dieses Ersatzfest mit allem, was sonst fehlt. Es wird heißer Glühwein ausgeschenkt, schwere Braten serviert, und die Australier lieben es, endlich ihre oft ziemlich kitschigen Rentierpullis aus dem Schrank holen zu dürfen. Fenstervorsprünge und Kamine werden mit künstlichem Schnee dekoriert und der ein oder andere stellt sogar einen Weihnachtsbaum (meist aus Plastik) auf. Na dann: *Merry Christmas*!

SPRACHE & KURIOSITÄTEN

53

Stimmt es, dass Australien fast Neuseeland geheißen hätte?

WÄRE DIE KOLONISIERUNG AUCH NUR EIN BISSCHEN ANDERS VERLAUFEN, WÜRDE AUSTRALIEN HEUTE WAHRSCHEINLICH NEUSEELAND HEISSEN UND MAN WÜRDE DORT HOLLÄNDISCH STATT ENGLISCH SPRECHEN.

Australien wurde von den europäischen Seefahrern in mehreren Etappen entdeckt. Schon in sehr alten Karten aus dem 15. und 16. Jahrhundert wurde immer wieder vermutet, dass es ein »**unbekanntes Südland**« (lateinisch »*Terra Australis Incognita*«) geben müsse. Im 17. Jahrhundert starteten die Holländer deshalb von Indonesien aus Entdeckungsfahrten in den Süden. 1606 landete der Holländer Willem Janszoon mit seinem Schiff an der **Nordküste** des heutigen Queensland und betrat als erster Europäer Australien. Der Niederländer nannte das neu entdeckte Land »*Nieu Zelandt*«, nach der niederländischen Provinz »*Zeeland*«. Janszoon hielt das entdeckte Land fälschlicherweise für einen südlichen Teil Neuguineas und erkannte nicht, dass er einen neuen Kontinent entdeckt hatte.

Nach einigen nicht gerade freundlichen Aufeinandertreffen mit indigenen Völkern hatten die Niederländer kein Interesse an der Gründung einer Siedlung. Das neu entdeckte Land schien kahl, trocken und unwirtschaftlich zu sein und war den Holländern keine Auseinandersetzung mit den Ureinwohnern wert. Die meisten Berichte beschrieben Australien außerdem als ungeeignet für eine Kolonisierung, da es an Wasser und fruchtbarem Boden fehlte und nichts auf einen sinnvollen Gebrauch für den Handel hinwies.

Innerhalb der folgenden 40 Jahren erkundeten aber weitere niederländische Kapitäne die Nord-, West- und Südküste des »neuen« Kontinents. Darunter auch **Abel Tasman**, der nicht nur die australische Insel Tasmanien entdeckte, die später nach ihm benannt wurde, sondern auch Neuseeland.

Bei der Benennung der beiden neu entdeckten Länder gab es aber noch einiges an Hin und Her. So war der Name *Nieu Zelandt*, der ursprünglich einmal für den nördlichen Teil Australiens verwendet wurde, im Laufe der Zeit wieder von den meisten Landkarten verschwunden. Stattdessen wurde Australien zwischenzeitlich *New Holland* getauft und 1659 »recycelte« ein Kartograf den früher schon einmal verwendeten Namen *Nieu Zelandt* für das Land, das wir auch heute tatsächlich als Neuseeland kennen.

So lässt sich sagen: Hätte Janszoon Land und Boden 1606 als wertvoller empfunden, würde Australien heutzutage tatsächlich sehr wahrscheinlich Neuseeland heißen. So aber wurde die Gegend von den Holländern zwar erkundet, aber nie in Besitz genommen. Sie hatten weder Interesse an Australien noch an Neuseeland und erhoben nie Anspruch darauf, da sie einfach keinen Wert in diesen Ländern sahen.

Erst 1770, also ziemlich genau 164 Jahre nach der Entdeckung Australiens und 100 Jahre nach der Entdeckung Neuseelands durch die Europäer, erreichten die Briten den östlichen Teil des Landes und nahmen es für die britische Krone in Besitz. Dies geschah durch den Seefahrer **James Cook** in der Botany Bay, wo sich heute der Hafen der größten Stadt Australiens befindet: Sydney. Zum Gedenken findet man dort auch heute noch viele Orte, die den Namen »Cook« enthalten. So gibt es unter anderem die »*Cook School*«, den »*Cook Park*«, das »*Captain Cook Hotel*« und das »*Cook Café*«.

James Cook und seine Crew erstellten damals nicht nur Karten der Ostküste, sondern hielten auch Flora und Fauna sowie die dort lebenden Indigenen in ausführlichen Berichten fest. Sie legten damit den zentralen Grundstein für die spätere **britische Besiedlung**. Diese fand weitere 18 Jahre später statt, mit der Ankunft der »*First Fleet*« und der damit verbundenen Gründung von Sydney.

Als Captain Cook an der Ostküste Australiens ankam, hieß das Land aber noch *New Holland* nach der Benennung der Niederländer. Cook nahm die gesamte Ostküste für Großbritannien in Besitz und benannte sie in »*New South Wales*« um. In seinem Tagebuch schrieb Cook aber ausdrücklich, dass die Ehre der Entdeckung der Westküste den niederländischen Seefahrern gebühre und er deshalb nur die Ostküste beanspruche. So blieb der Name *New Holland* für den westlichen und nördlichen Teil Australiens noch über viele Jahrzehnte in Gebrauch, während der Osten als *New South Wales* bekannt wurde. Erst im 19. Jahrhundert setzte sich »*Australia*« als Name für den gesamten Kontinent durch.

Der Vorschlag für den Namen kam vom britischen Kartografen **Matthew Flinders**. In einem Brief von 1804 schrieb er: »*I call the whole island Australia, or Terra Australis.*« (Ich benenne die gesamte Insel hiermit Australien, oder auch Terra Australis.)

Er argumentierte, dass der Name *Australia* passender und »*more agreeable to the ear*« (schöner klingend) sei als die bisherigen Bezeichnungen. Sein Vorschlag wurde angenommen, und seit 1824 trägt das Land nun ganz offiziell den Namen »Australien«, abgeleitet vom lateinischen *Terra Australis*, dem schon lange vor der tatsächlichen Entdeckung sagenumwobenen »Südland«.

SPRACHE & KURIOSITÄTEN

54

Habt ihr wirklich einen Gedenktag, an dem ihr khaki-farbene Kleidung tragt?

STEVE IRWIN WAR EIN TIERFILMER, DER SEINEN ZUSCHAUERN DIE TIER- UND PFLANZENWELT AUSTRALIENS NÄHERBRINGEN WOLLTE. MAN ERKANNTE IHN AN SEINER KHAKIFARBENEN OUTDOOR-KLEIDUNG, DIE ER SO GUT WIE IMMER TRUG. ER WAR SO BELIEBT, DASS IHM EIN GEDENKTAG GEWIDMET WURDE.

Khaki, eine Mischung aus Braun und Ocker, gewinnt bei uns als Farbe vielleicht einen Preis unter Rentnern, ist aber unter sonstiger Kleidung nicht wirklich gängig. Anders im **Outdoorbereich** in Australien. Vor allem eine Person wird dort ganz besonders mit dieser speziellen Art von Outdoor-Kleidung in Verbindung gebracht: **Steve Irwin**.

Wer seinen Namen ausspricht, erntet in *Down Under* sofort zustimmendes, ehrfurchtsvolles Nicken, und der erste Kommentar dazu ist: »*What a legend.*« In der Stimme schwingt oft ein wenig Trauer mit, denn Steve Irwin ist 2006 bei Dreharbeiten für eine Tierdokumentation am Great Barrier Reef ums Leben gekommen. Er wurde bei einem Tauchgang tödlich von einem Stachelrochen verletzt. Die Erschütterung, die damals durch das Land ging, ist von der Intensität fast vergleichbar mit dem, was der Tod von Lady Diana für die Menschen in Großbritannien bedeutete. Steve Irwin war nicht nur irgendein Outdoor-Fanatiker, der einfach gerne Tierdokus drehte. Seine grenzenlose Begeisterung und Liebe zu Tieren, insbesondere Reptilien, war ansteckend. Australier konnten ihm stundenlang zusehen, wenn er mal wieder interessante Fakten über Krokodile erzählte. Dabei stand er nicht etwa in einem Fernsehstudio, sondern immer **in direkter Nähe** zu den Tieren. Er schien vor nichts Angst zu haben. Stattdessen ließ er Sätze voller Bewunderung für die Tierwelt verlauten wie: »*Crikey! Isn't he a beauty*?«

Alligatoren, Schlangen, Spinnen – er filmte und dokumentierte immer alles aus allernächster Nähe, oft nur Zentimeter von den Tieren entfernt. Diese Eigenschaft wurde zu seinem Markenzeichen, und während er gerade ein Krokodil fütterte oder eine Schlange einfing, predigte er unermüdlich: »*We've got to protect our wildlife*!« (Wir müssen unsere Wildtiere schützen.)

Seine Fernsehsendung *The Crocodile Hunter*, die er zusammen mit seiner Frau produzierte, lief in über 130 Ländern, inklusive Deutschland. Er wurde damit in den 1990er- und frühen 2000er-Jahren international berühmt. Millionen von Menschen ist heute nicht nur sein Name ein Begriff, sondern sie haben durch Steve Irwin auch wichtiges Wissen über die Tierwelt vermittelt bekommen. Sein Ansatz war: »Wenn wir Menschen etwas über die Tiere, die bei uns im Land leben, beibringen, dann wird sie das berühren. Und wenn Menschen erst mal etwas lieben, dann wollen sie es auch beschützen.«

Manchmal filmte er irgendwo in Australien, in anderen Momenten begleitete ihn die Filmcrew bei seiner Arbeit als Tierpfleger im *Australia Zoo* in Queensland. So oder so hatte Steve aber immer seine khakifarbene Safari-Uniform an.

Eine Szene aus seiner Serie *The Crocodile Hunter* wurde besonders bekannt, als er im *Australia Zoo* dabei half, das **Salzwasserkrokodil** Graham in ein neues Gehege zu verlegen. Während der Aktion kam es zu einem Zwischenfall, den Steve in einem späteren Interview mit seiner immer etwas kindlichen, aber sympathischen Begeisterung so beschrieb: »*Crikey!* Das war einer der aufregendsten Tage meines Lebens, ehrlich! Graham ist ein riesiges Leistenkrokodil, über vier Meter lang und so stark wie zehn Männer. Wir mussten ihn in ein neues Gehege bringen, weil er einfach zu groß für sein altes Zuhause geworden war. Das ganze Team war bereit, jeder wusste genau, was zu tun ist. Aber mit Krokodilen weißt du nie, was passiert. Sie sind blitzschnell, unglaublich stark und absolut unberechenbar. Wir haben gerade versucht, ein Seil um Grahams Maul zu legen, aber im nächsten Moment hat er sich umgedreht und eines meiner Teammitglieder am Bein gepackt. In so einer Situation hast du keine Zeit zum Nachdenken, du musst einfach handeln. Ich bin sofort draufgesprungen, hab Grahams Hinterbeine gepackt und versucht, ihn abzulenken, damit mein Kumpel sein Bein rausziehen konnte. Mein Herz hat gerast, aber man muss ruhig bleiben – Panik hilft niemandem, schon gar nicht bei einem *croc*! Am Ende ist alles gutgegangen, keiner wurde ernsthaft verletzt, und Graham hat jetzt ein tolles, großes Gehege. Aber das zeigt, wie wichtig es ist, diese Tiere zu respektieren. Sie sind keine Monster, sie sind perfekt angepasste Überlebenskünstler. Ich liebe sie einfach – aber ich hab' auch einen Heidenrespekt vor ihnen!«

In einer anderen Folge stellt er in einer Entfernung von etwa 20 Zentimeter **die giftigste Schlange der Welt** vor: »Hier ist er, der Inland-Taipan. Ein Biss von ihm hat genug Gift, um hundert Männer meiner Größe umzuhauen. Aber schaut mal, wie ruhig er ist. Ich halte ihn am Schwanz, damit ihr seine ganze Länge sehen könnt. Es ist wichtig, dass wir diese Tiere respektieren und schützen, nicht fürchten. Sie sind Teil unseres Ökosystems!«

Nicht selten wurde er auch mal gebissen. So auch, als er eine kleine australische **Echse** filmte und in der Szene mit seinem Gesicht nur wenige Zentimeter vom Kopf des Tiers entfernt war: »Du bist ja ein kleiner Frechdachs! Eine Bartagame – schaut euch mal die Stacheln an. Sie sehen gefährlich aus, aber eigentlich sind sie ganz harmlos. Oh, jetzt hat er mich in die Nase gebissen! Du kleiner Racker. Aber das zeigt nur, wie wichtig es ist, jedes Tier mit Respekt zu behandeln, auch die kleinen frechen.«

Steve Irwins Vermächtnis lebt nicht nur durch Wiederholungen seiner TV-Sendungen weiter, sondern vor allem auch durch seine Kinder, die heute ebenfalls als Tier- und Naturschützer aktiv sind.

GOOD TO KNOW

Noch heute pilgern Menschen zum *Steve Irwin Memorial* im *Australia Zoo* in Queensland. Der 15. November wurde in Queensland, seinem Heimatstaat, zu Ehren seines Engagements für den Tierschutz zum *Steve Irwin Day* erklärt. Viele Australier tragen an diesem Tag Khaki.

SPRACHE & KURIOSITÄTEN

55

Was vermissen eigentlich Deutsche in Australien?

ALS DEUTSCHER IN AUSTRALIEN VERMISST MAN VOR ALLEM EINES: RICHTIGES BROT. ABER AUCH MIT DER AUSTRALISCHEN BAUWEISE VON HÄUSERN HABEN WIR SO UNSERE SCHWIERIGKEITEN.

Wenn man in *Down Under* lebt, stellt man fest: Viele Dinge funktionieren hier einfach vollkommen anders als bei uns. An die meisten Sachen gewöhnt man sich. Auch wenn einem bei der ersten Autofahrt das Herz ganz schön in die Hose rutscht, fährt man innerhalb von ein paar Wochen ganz selbstverständlich auf der linken statt auf der rechten Straßenseite. Nur das Muskelgedächtnis ist nicht ganz so schnell und lässt einen selbst nach einem halben Jahr noch manchmal den Scheibenwischer statt des Blinkers bedienen. »*How to spot a tourist*?« – auf jeden Fall so. Ähnlich wie in den USA kann man sich in Australien aber auch outen, wenn man auf die Idee kommt, urbane Gebiete zu Fuß zu erkunden. Beim Spaziergang merkt man an den fehlenden **Fußgängerüberquerungen** schnell, dass sich irgendetwas nicht ganz richtig anfühlt. Man erntet Blicke von Vorbeifahrenden, die einen stumm zu fragen scheinen: »Warum?« und merkt, dass man sich lieber doch ganz schnell ein eigenes Auto anschaffen sollte.

Zu Fuß kommt man in den *outskirts* auch deshalb nicht besonders weit, weil die Randgebiete riesig sind und es hier kilometerlange Straßenzüge gibt, die reine Wohngebiete sind. Hier sind es Leute einfach eher gewohnt, im eigenen Häuschen statt in einer kleinen Wohnung zu wohnen. Im Umland von Perth gibt es zum Beispiel nagelneue Wohnsiedlungen, die aus unzähligen Straßenreihen wunderschöner Häuser mit Pool und Garten bestehen, die aber grundsätzlich gar nicht darauf ausgelegt sind, anders als mit dem Auto verlassen werden zu können. Und so verlegt man seine **Spaziergänge** als Deutscher recht schnell an Orte, wo man dafür von Australiern nicht ganz so komisch angeschaut wird: an den Strand. O. k., damit lässt es sich dann doch leben.

Schwieriger anfreunden kann man sich mit der Bauweise der australischen Häuser. Ganz zu schweigen vom australischen **Mietrecht**. Als man den Entschluss getroffen hat, für ein paar Jahre in Australien zu wohnen, hätte man sicherlich mit einem am wenigsten gerechnet: dass man seinen nörgeligen Vermieter von der kleinen Wohnung in München irgendwann einmal tatsächlich vermissen würde. Zumindest durfte der keinen Zweitschlüssel haben und auch nicht plötzlich zur »*house inspection*« in der eigenen Wohnung stehen, während man selbst gar nicht zu Hause ist. Weiterhin wurde einem dort nicht verboten, Bilder (oder sonst irgendwas) an die Wand zu hängen, und auf ein Jahr befristete Mietverträge gab es auch eher selten. *Oh, lovely* Mietrecht, *where are though*?

Gut – der Pool und die lustigen Grillabende im Garten lassen einen auch das vergessen. Trotzdem fühlt man sich als Deutscher an vielen Stellen im Haus plötzlich, als hätte man **Bauingenieurwesen** studiert. Man hat viele Fragen. Wieso haben Häuser nie einen Keller, das wäre doch praktisch? Warum baut man nicht mit Ziegeln, sondern mit Holz, wenn doch im Sommer vielerorts die Gefahr von Buschfeuern herrscht? Kennen die Australier sowas wie Isolierung eigentlich gar nicht? Und was zum Teufel sollen das für Fenster sein? Auch wenn man in Deutschland noch nie selbst ein Haus gebaut hat, weiß man: SO sollten Fenster jedenfalls weder aussehen noch funktionieren. Das merkt man spätestens im Winter, wenn man in seinem gemütlichen Häuschen in Melbourne auf der Couch sitzt. Im Kamin brennt ein Feuerchen, es ist muggelig warm, und doch – irgendwoher kommt ein kalter Luftzug. Wo Australier einfach pragmatisch die Couch an eine andere Stelle verrücken würden, machen wir Deutschen uns auf die Suche nach der Ursache. Schnell ist klar: Die in Australien gängige **Einfachverglasung** ist schuld. Das wiederum scheint ein Grund zu sein, warum deutsche Frauen bei australischen Maklern besonders gefürchtet sind. Die haben nämlich gelernt: Hier bleibt bei einer Hausbesichtigung garantiert nie die kritische Anmerkung aus, dass ja wohl mindestens eine Doppelverglasung Standard sein sollte. Auch die Frage, wie sich das Fenster eigentlich zum Lüften ganz öffnen lässt, ist bei neu Zugezogenen an der Tagesordnung. Die Antwort lautet meist: gar nicht. Ein Fenster ist in Australien einfach in zwei Hälften geteilt, wovon sich die untere nach oben schieben lässt. Zumindest in der Theorie, denn die Holzfenster sind oft verzogen und lassen sich weder vollständig öffnen, noch vollständig schließen. Als Australier wäre einem das vollkommen egal, als Deutscher wünscht man sich das **Fenster-Wunderwerk** mit ausgefeiltem Dreh-Kippmechanismus zurück. Das satte »Wump«, wenn die Dichtung greift und es garantiert windsicher macht. Fast wie das ausgefeilte Sound-Design von einer BMW-Tür, die zugeworfen wird. Was für ein wunderschönes Geräusch. An diesem Punkt kommen einem genau zwei Gedanken: Zum einen wird einem bewusst, wie seltsam es ist, ein Fenster als »wunderschön« zu bezeichnen, und zum anderen versteht man jetzt, was die ganze Welt mit ausgefeiltem »*German Engineering*« meint. Man überlegt kurz – und plötzlich ist aller Ärger über die Fenster verschwunden und man ist einfach nur stolz, aus dem Land der genialen Ingenieure zu kommen.

Nachtrag: Das war gelogen – der Ärger über die Scheißfenster bleibt.

In gleicher Reihe erschienen ...

ISBN 978-3-7343-3248-7

ISBN 978-3-7343-3247-0

ISBN 978-3-7343-3252-4

ISBN 978-3-7343-3271-5

BRUCKMANN

www.bruckmann.de